싸우지 않고 이기는
따뜻한 협상

협상을 위해서 경쟁하지 말고 연애하라!

싸우지 않고 이기는
따뜻한 협상

이 창 준 지음

BOOK STAR

중국에서 처절한 20년을 살아내며
건져 올린 생생한 이야기

제비집을 참 오랜만에 발견했다.

지난여름 휴가 때 남해 여행 중이었다. 순간 어릴 적 외할머니 댁에서 매일 지켜봤던 초가지붕 처마 끝 제비집의 추억이 소환된다. 노랑 부리를 크게 벌리고 큰 소리로 짹짹거리는 일곱 남매(?) 새끼제비의 모습에 넋을 놓고 바라보았다. 엄마 제비의 벌레 사냥이 바쁠수록, 아빠 제비가 바쁠수록 새끼 제비들의 협상은 성공적인 듯하다.

인류 역사상 최고의 협상가는 갓난아기다. 모든 욕구(Wants)와 필요(Needs)를 단지 한 단어로 말하고 심지어 명령한다. 그러면 젖도 주고 기저귀도 갈아 주고 목욕도 시켜 주고 잠도 재워 준다.

"응애…!"

1980년대 유럽 최고의 협상 전문가 중 한 사람은 게빈 캐네디다. 그의 저서 『협상-그 기술과 즐거움』을 읽으며 공부했다.

> "협상은 언쟁이 아니라 하나의 즐거움이다. 기업 로비에서 군축회담, 노조 교섭에서 인질 석방, 각종 상거래에서 배우자 선택까지, 영국 정통의 신사적 협상 기술을 보여 주는 케빈 케네디 교수의 실전 협상서다."
>
> 『협상-그 기술과 즐거움』 중

비슷한 시기에 미국에서는 뉴욕타임즈 9개월 이상 베스트셀러 목록에 올랐던 책이 허브 코헨의 『무엇이든 협상할 수 있다』이다. 코헨은 초라한 옷차림이었지만 사방으로 다니면서 질문했던 두 사람을 인류 최고의 협상가라고 주장한다.

그들은 기꺼이 위험 속으로 뛰어들었으며 그 속에서도 자신의 상황을 잘 다스릴 수 있었다. 그들은 자신이 죽는 장소와 주단을 선택했다. 그들은 이미 죽었다. 그러나 그들은 제자를 통해서 이 세상에 있는 가치관을 변화시켰다. 오늘날 수많은 사람은 그들의 가치관을 따르며 살고 있다. 삼단논법으로 가르쳤던 소크라테스와 비유법을 사용했던 예수 그리스도다. 그들은 상호 이익을 가르친 원리적인 협상가였다. 그 때문에 그들은 힘 있는 사람들이었다.

『무엇이든 협상할 수 있다』 중

이창준 저자의 『따듯한 협상 이야기』도 제목이 암시하듯 참 따스하고 상호 Win-Win에 기초한 협상 전략 스토리다. '협상'하면 떠오르는 '권모술수'나 한비자, 마키아벨리식 '냉혈주의'와는 거리가 멀다.

'자원이 없어 인생의 겨울을 보내고 있는 수많은 꿈꿀 수 없는 환경에 처한 이들에게 책과 품성으로 꿈을 선물하고 그 꿈을 이룰 수 있도록 더 많은 자원을 지원하는 것'이 이창준 저자의 사명이다. 그 사명대로 '희망도서관책나눔협회'를 운영하고 경영한다. 책 내용과 삶이 일치하는 이상적이고 좋은 책이다.

그 때문에 이 책의 핵심 키워드로 경청, 진실, 열정, 존중, 책임을 말하고 있다. 더구나 이 책 속에서 숨겨진 보물, 협상 관련 책과 저자를 추천받는 것도 큰 '이득'이다.

『따뜻한 협상 이야기』가 나오기까지 아주 추운 20년, 그것도 낯선 중국에서의 처절한 20년을 살아내며 건져 올린 '날것'이다. 그래서 이 책은 힘이 있다.

협상에 실패하면 싸운다.
싸울 때 먼저 옷을 벗는다.
소매를 걷어붙인다.
멱살을 잡는다.
이어서 하는 말

"너, 몇 살이야?"
영어로 번역하면 "How old are you?"
세상에 어느 나라 어느 민족이 싸울 때,
"하우 올드 아 유" 하며 싸울까.

대한민국 사회의 슬픈 단면- 경직된 수직성이다. 그 수직성을 풀어내고 공정한 수평성을 회복하는 것이 '따뜻한 협상'이다.

힘은 좋은 것이다. 그래서 우리 모두는 힘을 갖기 위해 지식을 얻고 승진하고 재물과 권력을 가지려 노력한다. 그러나 힘을 갖되 그 힘을 자발적으로 포기하는 지점에 '사랑'이 존재한다.

소크라테스, 붓다, 예수 그리스도가 그렇게 협상했다. 평범에서 비범으로, 좋은 것에서 위대함으로 나가는 길잡이 『따뜻한 협상 이야기』를 강추한다.

(사)대한민국독서만세(독서포럼나비) 회장
3P자기경영연구소 대표
독서혁명가 강규형

저자의 파트너로 중국에서 사업하며,

[속내 1] 현장 스케치 - "야, 접고 가자!"

그 현장에 나는 저자와 같이 있었다!

중국에 관해 쥐뿔도 모르는 나에게 있어 저자는 중국이라는 광야를 건너는 불기둥과 구름기둥 같은 존재였다. 그런 저자가 협상 종료를 알리는 그 새벽 선언에 망연자실 하는 모습을 지켜보았다. 그런 저자에게 원망 섞인 눈길조차 보낼 수 없이 나는 상해로 가는 비행기를 탔다.

[속내 2] 커리어 스케치 - "한국에서의 나와 중국에서의 나"

잘난 체까지는 아니어도, 그동안 한국 사업 경험을 비추어 꽤 자신 있는 기업가 모습이지만, 중국은 이 모든 커리어를 한꺼번에 앗아가는 전쟁터였다. 영어교육 시장에 있어 미국을 필두로 유럽뿐만 아니라 전 세계 기업이 도전하는 거대한 협상의 땅인 중국은 이미 시작부터 나의 모든 자존감을 찢어 뭉개고 있었다.

[속내 3] 사업성 스케치 - "중국을 넘어 세계로"

한국 기업의 시장 확장 방향은 가장 가까이 중국을 찍고 동남아시아를 거쳐 전 세계를 돌고 다시 중국에 집중한다고들 한다. 첫 시장에서 나는 많은 유저를 확보하지도 많은 매출을 일으키지도 못했다. 내겐 그럴싸한 성공 스토리는 없었다.

[속내] 이후 본깨적

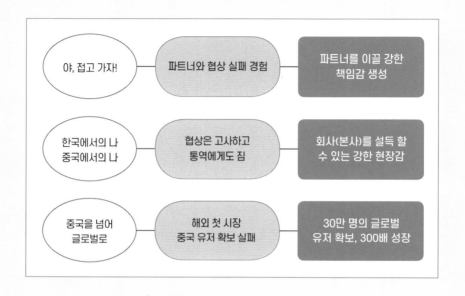

[진행 중인 성공 스토리]

'따뜻한 협상 이야기'의 실제 파트너, 현 청취닷컴은 2,500여의 미국 원서를 전 세계 17개국 30만 명의 책을 사랑하는 독자의 손에 영어전자도서관을 서비스하고 있다. 2025년까지 200만 명의 독자들에게 따뜻한 협상이야기를 통해 전달될 것이다. 오늘도 전 세계 고객들에게 화상 컨퍼런스콜과 이메일로 그 협상은 줄기차게 이어지고 있고, 우리 해외사업부의 사무실 불은 시차와 관계없이 켜지고 있다. 파트너로 전 세계를 누빌 수 있는 터전이 되어 주신 저자의 협력을 지면을 할애하여 감사를 표할 수 있어 기쁘다.

열정의 파트너 **신동헌** 수석본부장 드림

"야, 접고 가자!"

몇 개월 동안 진행되었던 협상은 이제 서서히 결론을 향해 나아가고 있었다. 중국 회사가 원하는 조건들을 다 만족시키기 위해 부지런히 교육 솔루션을 개발했다. 두 회사의 직원들이 교과서 내용에 맞게 추천하는 영어 스토리북 콘텐츠를 조율했고 이를 위해 수많은 소통이 있었다.

드디어 우리가 원하는 성과를 얻는 순간이었다. 정식 계약을 체결하기 위해 한국 관계자를 중국으로 오라는 연락이 왔다.

이 특별한 계약을 위해서 한국에서는 협력사 대표가 본부장과 함께 직접 중국으로 왔다. 오자마자 바로 계약에 사인을 할 줄 알았는데, 몇 가지 세부적인 주제로 다시 논의가 시작되었다.

양보할 수 없는 수준의 요구에 대해서 한국 대표는 약간 불쾌하게 생각하며 그대로 호텔로 돌아갔다. 실무진에서 다시 협상에 협상을 한 후 몇 가지 중요한 이슈를 해결하고 저녁 10시 드디어 계약 체결을 위해 한국 대표를 불렀다.

하지만 가격에 대한 문제로 이의를 제기했다. 그 지겨운 협상이 다시 시작되었다. 한국 측 대표도, 중국 측 회장도 모두 그날 저녁 회사에서 밤을 세웠다.

새벽 6시까지 실무진은 모두 협의를 끝내고 사인을 하기로 했다. 사인을 앞두고 상대 회사는 재정 책임자가 최종 점검을 하는 시간을 가졌다. 점검하는 동안 한국으로 송금할 때 세금 이슈가 나왔다. '누가 세금을 내야 하느냐'의 문제로 결론이 나지 않았고 결국 한국 대표는 더 이상의 협상은 무의미하다고 판단하고 "야, 접고 가자!"라며 협상 종결을 선언했다.

그렇게 몇 달 동안 수고하고 준비했던 계약이 실패로 돌아가고 되돌아오는 비행기에서 눈물을 흘리며 그 처참한 결과를 직면해야 했던 현실이 아직도 아픈 추억으로 남아 있다. 이번 건은 위기에 처한 회사를 살리기 위해서 모든 에너지를 집중했던 절박한 계약이었다.

지금 생각해 보면 완벽한 준비를 하지 못했던 계약 협상이었다. 이렇게 실패를 경험해 가며 우리는 그렇게 조금씩 중국을 배워 갔고 협상에 필요한 기술들을 하나씩 익혀 갔다. 3년이라는 시간 동안 많은 업체를 만나고 다양한 파트너를 얻었고, 그것을 기반으로 우리가 도입했던 하이라이츠 출판사는 중국에서 강력한 브랜드를 구축하였다. 중국의 여러 영어 교과서 출판사들과 계약을 맺었고, 한국의 개발사인 청취닷컴도 미국 하이라이츠 출판사와의 협력을 통해서 전 세계로 진출할 수 있었다.

우리는 중국인들의 마음을 얻기 위해서 한 팀이 되었다. 중국에서 시장 개척을 담당한 우리 회사, 한국에서 교육 솔루션을 개발했던 청취닷컴팀, 스토리북을 제공했던 미국의 하이라이츠 출판사, 모두가 각자의 영역에서 성과를 만들어 냈다. 협상은 하나의 작품이다. 쏟아지는 작품 중에 걸작품을 만들어 내기 위해서는 많은 수고와 노력이 필요하다. 걸작품은 회사와 개인에게 엄청난 선물을 선사한다.

　나에게 있어서 함께했던 팀들은 너무나 소중했다. 우리는 중국에서 모두가 성장하는 축복을 누렸다. 중국은 기회의 땅이다. 쉽지 않은 도전이지만 나는 그들이 좋다. 이 책이 그들과의 우정을 쌓아가는데 조그만 길이 되었으면 좋겠다.

　중국 현지에서 살다 보면 중국 내의 기술에 대한 혁신과 발전의 속도는 빠르고 경쟁도 심화되었다. 엄청 빠르다. 이런 현실에 적응하지 못했던 많은 사업체가 중국을 떠났다. 그럼에도 불구하고 중국을 여전히 무시할 수 없다. 중국은 반드시 함께 가야 할 대상이다. 중국에서 승부해서 이기는 상품과 서비스는 전 세계로 통할 것이다. 중국을 넘어가지 못하면 세계를 주도할 수 없다.

　『손자병법』 모공편에는 최고의 전쟁에 대해서 이렇게 말하고 있다. "싸우지 않고 이기는 것이 최선이다"

어떻게 싸우지 않고 이길 수 있는가? 중국인들은 싸우지 않고 이기기 위해 권모와 술수 등을 동원하며 이기는 싸움을 해왔다. 오랜 역사 속에서 습득된 이런 생존 방식으로 세계에서 외교와 경제의 영역에서 영향력을 확장해 나가고 있다. 협상가로서 그들은 탁월한 재능을 가졌다. 중국에서 20년이 넘게 살아오면서 내 자신의 삶의 방식도 알게 모르게 그런 영향을 받아서 손해 보지 않고 자신을 지키는 법 등을 익혀 왔었다. 하지만 같은 게임의 룰로는 사람을 얻는 협상은 힘들다는 것을 알게 되었다. 때로는 내가 싸움을 포기하고 희생을 선택해야 했다. 하지만 그런 선택이 상대에게 감동을 주고 사람을 얻게 한다는 것을 알게 되었다.

우리가 잘 아는 우화 중에 해와 바람이 지나가는 나그네의 옷 벗기기 대회가 있다. 옷 벗기기 시합에서 바람은 엄청난 힘을 불어 옷을 벗기려고 하지만, 바람이 강하게 불면 불수록 나그네는 옷깃을 더욱 단단히 붙잡는다. 하지만 해가 따뜻한 햇볕으로 길가는 나그네를 비추었을 때 나그네는 옷을 벗었다.

이 책에 나오는 따뜻한 협상 이야기는 바로 배려로 상대방의 마음을 얻을 수 있다는 것이다. 그렇다! 중국을 이기는 것은 바로 그들과 싸우지 않고, 그들의 신뢰를 얻는 것이다.

조선 후기의 무역상인 임상옥이 남긴 말처럼 "장사는 이문을 남기는 것이 아니라, 사람을 남기는 것이다."

내가 물건을 몇 개를 팔아서 얼마를 벌었느냐보다 중요한 것은

'나는 이것을 통해서 어떤 인간관계를 가지게 되었는가'이다. 우리는 중국에서 이방인이다. 그래서 중국에서의 사업의 핵심은 바로 자기 것처럼 팔아 줄 사람을 얻는 것이다.

"협상을 위해서 경쟁하지 말고 연애하라!"

경쟁해서 원하는 것을 얻을 수 없다. 따뜻한 협상이 필요하다.
1부에서는 따뜻한 협상으로 중국에서 성공했던 개인적인 사례를 소개했고, 2부에서는 따뜻한 협상을 위해 알아야 할 상대에 대한 지식인 중국의 비즈니스 현장에 대한 이야기, 3부에서는 협상을 위한 자신의 가치를 높이는 법, 4부에서는 따뜻한 협상을 위한 5가지 품성에 대해 소개했고, 5부에서는 모든 상황에 적용될 수 있는 협상의 10가지 원리를 소개했다.

나에게 위기에 처한 회사를 신뢰해 주고 중국 사업의 러닝메이트로 삼아 준 강사돈 대표, 나에 대해 아낌없는 지지를 해준 김진태 전 이사, 중국 곳곳을 같이 누비며 고락을 함께하며 중국 사람들과 협상을 벌였던 신동헌 본부장 등 청취닷컴 팀들에게 감사드린다. 이들은 나에게 진정한 경영을 가르쳐 주었다. 그리고 독서와 자기경영으로 내 삶의 시스템을 바로 세워 준 3P바인더의 강규형 대표와 경영자 마인드를 가르쳐 준 1인기업의 영원한 멘토 김형환 교수에게도 감사를 드린다. 중국에서 위즈비온라인교육을 시작할 때 사업을 할 수 있도록 지지해 주고, 투자를 해준 박해근 대표와

DSM 식구들에게도 감사한다.

그리고 무엇보다도 나와 함께 힘든 삶의 여정을 함께해 주며 어떤 상황에서도 나를 지지해 준 아내와 사랑하는 세 자녀에게도 감사한다.

마지막으로 파산 직전까지 간 내 인생의 겨울에 나눔과 기도로 위로와 힘을 주었던 북경의 CBMC 회원들에게 감사를 드린다.

상대방이 원하는 것을 해주어서는 감동을 줄 수 없다. 감동은 언제나 그 이상을 주어야 한다. 바로 엑스트라 마일을 실천하는 것이다. 5리를 요구할 때 10리까지 동행해 줄 수 있는 사람, 그 사람이 바로 탁월한 협상 전문가이다.

오늘의 삶이 있기까지 바로 위에 언급한 고마운 사람들은 나에게 엑스트라 마일을 실천한 사람들이다.

"누구든지 너로 억지로 오 리를 가게 하거든
그 사람과 십 리를 동행하고"
-마태복음 5:41-

CONTENTS

프롤로그·· 11

CHAPTER 01 │ 세컨드 클래스에서 퍼스트 클래스로　　　23

1. 2% 차이로 무너진 회사····································25
　경영은 가치를 파는 것이다 ······························· 25
　온라인 교육회사 위즈비································· 29
　2% 차이로 무너진 회사 ································· 32

2. 소통을 넘어 콘텐츠로 ····································35
　열정 없이 감동도 없다 ································· 35
　스토리와 포기하지 않은 열정으로 무장한 설득력·········· 38
　기회는 준비된 자들의 것이다 ····························· 40

3. 현장에 맞는 비즈니스 모델 ····························43
　베이징 북페어 ··· 43
　공교육 공략하기 ··· 45
　현장에 답이 있다··· 47

4. 계약까지 오고 간 70통의 이메일 ····················50
　판매 전략: 먼저 예리한 질문부터 개발하라 ·············· 50
　결국 콘텐츠 싸움이다····································· 51
　신뢰는 쌓아가는 것······································· 53

5. 기회는 쌓인 노력의 결과이다 ························56
　스타트업에서는 나눔을 먼저 하라 ······················ 56

경계선이 분명한 협상·······························58
업데이트 시스템 ··································60

CHAPTER 02 | 중국 비즈니스 현장 이해하기   63

1. 정글에서 살아남기······························65
   중국을 이해하는 3가지 키워드 ·····················65
   최적화 능력 ···································69
   만만디라고?······································71

2. 아무도 믿지 말라, 불신의 기초에 세운 신뢰 시스템············74
   왜 이렇게 불신의 사회가 되었는가? ·················74
   불신을 극복한 시스템································76
   불신의 세계를 넘어라·····························77

3. 언어 이면의 진실을 꿰뚫기 ·······················80
   하오(好)를 제대로 해석하라 ······················80
   구매하겠다 ····································82
   좀 더 고려해 보겠다. ····························83
   여기에도 다 있어! ·······························85

4. 아는 만큼 사랑할 수 있다 ·······················88
   박리다매의 중국 ································88
   의사 결정 구조를 이해하라 ························90
   빅스케일 ·····································91

CHAPTER 03 │ **가치를 높여라 - 품격과 실력**　　　　　　**95**

1. 자신을 고품격으로 디자인하라 ······························97
　　매력을 가지라 ···　97
　　브랜딩 파워 ···　97
　　스토리텔링 ···　99

2. 오랜 친구는 시간이 필요하다 ······················ **101**
　　비즈니스는 관계다 ······································ 103
　　어떻게 친구를 만들 것인가? ···························· 104
　　약한 고리의 힘·· 107

3. 자기다움이라는 나만의 향기를 가지라 ·················· **110**
　　술 문화에 적응하라고? ·································· 110
　　나만의 스타일 갖기······································ 112
　　나다움을 어떻게 발견할 것인가? ························ 114

4. 문화는 파워다 ·································· **117**
　　보이차 가격은 누가 정하는가? ·························· 117
　　중국의 인문 고전 열풍 ·································· 119
　　중국인을 감동시킨 인문학적 소양 ······················ 122

5. 전문가의 손길을 느끼게 하라 ······················ **125**
　　중국통 ·· 125
　　중국 교육 사업··· 127
　　중국인과 협업했던 미술대회 프로젝트 ···················· 129

CHAPTER **04** │ **따뜻한 협상을 위한 5가지 품성**   **133**

1. 경청: 진짜 마음을 읽어라 ·························· **135**
   체면 문화 ································· 135
   개인적인 관계 쌓기························ 138
   경청은 좋아한다는 표현이다·················· 140

2. 진실: 진정성 있는 스토리는 어디서든 통한다 ·········· **144**
   나만의 스토리 갖기························ 144
   우리의 스토리 만들기······················ 146
   정직이 이긴다 ··························· 148

3. 열정: 상대를 사로잡는 강력한 힘을 소유하라 ·········· **150**
   열정이 이긴다 ··························· 150
   상대를 여인 대하듯이······················ 152
   과격한 완벽함을 추구하라··················· 154

4. 존중: '나를 뛰어넘어 우리' ···················· **156**
   상대를 알아야 한다························ 156
   상대방의 눈으로 나를 보기 ·················· 158
   방식의 차이를 극복하라···················· 160

5. 책임: 성과를 설정하고 그것을 이루어라 ··············· **162**
   나의 제품은 나의 얼굴이다 ·················· 162
   책임지지 않고 협력할 수 없다 ················ 164
   약속을 지키기 ··························· 165

CHAPTER 05 | **협상의 10가지 법칙**   **167**

제1계명: 먼저 친구가 되어라 ······························· 171

제2계명: 상대가 누구인지 명확히 파악하라 ····················· 174

제3계명: 요구에 얽매이지 말고 상대방의 진정한 욕구를 찾아라 ··· 177

제4계명: 질문을 통해 경청하라 ····························· 180

제5계명: 협상 전에 무엇을 얻을 것인지 목표를 명확히 하라 ··· 183

제6계명: 우리를 통해 얻을 수 있는 가치를 극대화하라 ······ 186

제7계명: 모두를 만족시키는 창조적 대안을 개발하라 ········ 188

제8계명: 협상의 지렛대가 되는 '합리적 논거'를 제시하라 ··· 190

제9계명: 성공할 수밖에 없는 프로세스를 만들고 지속하라 ··· 193

제10계명: 후속 진행을 명확하게 하라 ······················· 196

부록 1: 따뜻한 협상 사례 ······························· 198

부록 2: 추천도서 ······························· 202

에필로그 ······························· 209

1장

세컨드 클래스에서
퍼스트 클래스로

1

2% 차이로 무너진 회사

■ 경영은 가치를 파는 것이다

우리는 의식하든 의식하지 않든 매일 협상을 하며 살고 있다. 가정 안에서도 학교에서도 협상은 진행이 되고 있다. 나의 의견을 관철시키기 위해서 사람을 설득하는 작업도 협상의 일부이다. 어떤 협상은 한 사람의 인생에 성공을 선물하기도 하고, 실패한 협상은 한 회사를 부도에 이르게 하기까지 한다.

나는 사람들에게 아쉬운 말을 하지 못했다. 사람들에게 부담을 주는 것도 싫어했고 나의 의견을 자신 있게 발표하는 것도 힘들었다. 천성적으로 탁월한 협상가가 될 자질을 갖추었다고 할 수 없다. 그런 가운데 협상을 해야만 했고, 그 협상의 결과에 회사의 운명을 걸어야 하는 상황에 직면하기도 하면서 나만의 협상의 방법들을 배워갔다.

그것이 바로 따뜻한 협상 이야기이다.

이제 그 여정을 같이 떠나볼까 한다.

중국에서 사업을 처음 시작할 때 경영에 대해서 아는 것이 없었다. 단순하게, 성실하게 사업을 하면 된다고 생각했었다. 하지만 열심히만 일하면 망한다. AI와 로봇의 시대가 되면서 단순하고 무식하게 근면하면 더 빨리 망하게 된다. 똑똑하게 일을 해야 한다. 똑똑하게 일을 해야 한다고 배운 것이 바로 첫 번째 사업이었다.

한국 사람이 운영하는 프랜차이즈에 가입하여 중국 대형마트에서 직접 생두부를 만들어 주는 즉석 두부방 사업을 처음으로 시작했다.

여러 가지 독창적인 아이디어와 마케팅 방법으로 매출액을 끌어올렸다. 많은 고객이 우리 두부를 좋아했다. 프랜차이즈 대표도 우리 가계를 칭찬해 주었다. 우리는 기존의 두부 외에 검은콩 두부를 만들어서 웰빙형 두부도 판매하였다.

매출은 높았고, 사람들은 많이 찾아왔지만 실제로 순이익을 거의 없었다. 원가 관리를 제대로 하지 못하여 돈은 벌지 못했다.

대형 슈퍼마켓은 한국처럼 관계가 단순하지 않았다. 그 안에도 정치적이며 복잡한 관계들이 존재한다. 우리 식으로 표현하면 우리는 언제나 을이었다. 매번 슈퍼마켓 행사 때문에 협찬비로 나가는 부대비용, 강요당하는 할인 행사, 그리고 세워 놓은 관리자에 대한 교육 부족 등으로 매출이 줄줄이 새어 나가고 나에게 돌아오는 돈은 없었다.

경영은 자선사업이 아니다. 이익을 남기는 것이다. 똑똑하게 일

한다는 것은 결과를 생각하고 일을 하는 것이다.

사람들이 환호하는 것으로 만족해서는 안 된다. 사람이 모이지만 돈을 벌지 못하는 구조는 오래가지 못한다.

사업은 가치를 파는 것이다. 가치를 판다는 것은 다른 이들에게 감사를 얻는 것과 같다. 고객이 내 제품에 대해 돈이라는 수단으로 얼마나 나의 서비스에 감사를 표현할 수 있게 만드는 것이 바로 사업의 핵심이다. 사람들이 좋아하는데 더 많은 가치를 부여하지 못한다면 그것은 자원을 낭비하는 것이다. 많은 자원을 투자하여서 만들어 낸 가치가 적다면 그 아이템은 계속해서는 안 된다.

투자할 수 있는 돈이 한계가 있기 때문에 적은 자원으로도 최대의 가치를 만들어 내야 지속 가능한 사업 모델이 된다. 좋은 사람으로만 남아서는 안 된다. 협상은 주고받는 것이다. 내가 만든 가치를 다른 사람에게 주는 것이고, 그것의 혜택을 받는 사람은 그에 상응한 대가를 지급해야 한다. 상호 의존적인 관계만이 오래가는 관계로 남는다.

"두 번 이상 투자에 실패하지 않았다면 그 사람은 진정한 투자자라고 말할 수 없다."라는 말이 있다. 그 말에 전적으로 동의한다. 나도 두 번 사업에 실패했었다. 그 실패 과정에서 배우는 것은 성공 과정에서 배우는 것보다 훨씬 큰 의미가 있다.

그 사업장은 최종적으로 폐업 신청에 들어갔다. 결정적인 원인이 되었던 것은 단순히 이익이 적었던 것만은 아니다. 투자한 시간이 길지 않았기 때문에 천천히 부족한 부분은 조절해 나갈 수도 있었다. 폐업 신청의 가장 중요한 이유는 사람이었다.

그곳의 관리를 맡겼던 직원은 나름대로 신뢰했던 사람이었다. 사업장이 시외 지역에 있어서 내가 정기적으로 갈 수 있는 상황이 못 되었기 때문에 전폭적으로 관리를 맡겼었다. 그는 총경리로 일을 하고 있었는데 내 허락 없이 새로운 슈퍼마켓에 또 하나의 분점을 열었다. 정확한 시장조사 없이 진행되었기 때문에 그것이 마이너스로 전환되면서 유지조차 힘든 상황이 된 것이다. 결국 투자했던 돈도 회수하지 못하고 철수를 결심했다.

나는 내 직원과 협상에서 실패한 것이다. 해야 할 것과 하지 말아야 할 것의 경계선이 합의되지 않았고, 회사가 왜 존재해야 하며 고용과 함께 상대가 해야 할 의무와 도덕적 기준에 대한 내외적인 합의 실패인 것이다.

잘 조직화된 기업은 기업의 사명과 비전, 모든 직원이 지켜야 할 황금 표준을 만들고 직원들이 자연스럽게 회사의 가치에 따를 수 있도록 한다. 고도의 협상가는 이것이 협상이라는 생각도 갖지 못하게 자연스럽게 그것을 받아들이게 하는 것이다.

그리고 협상에서 중요한 요소 중의 하나는 검증이다. 사람은 믿어야 한다. 그래야 진정한 사실 위에 신뢰 관계가 형성할 수 있기 때문이다. 사람 검증에 실패한 나는 스스로 모든 선택에 대한 책임을 질 수밖에 없었다.

▪ 온라인 교육 회사 위즈비

 두 번째 시작한 사업은 온라인 교육 회사였다. 회사의 이름은 위즈비온라인교육(多恩佳在线教育)이었는데, 적은 투자로 2명의 중국인 친구들과 함께 시작했다.

 자본의 규모가 크지 않은 상태에서는 제조업보다는 온라인 교육이 더 많은 가치를 만들어 낼 수 있다고 생각했다.

 2007년 회사를 시작할 당시 중국은 인터넷 교육이 발달하지 않았다. 한국은 IT와 교육에 있어서 중국에 비해 3~4년 정도는 앞서고 있었다.

 앞으로 온라인 교육이 시장을 선도할 수 있을 것이라는 확신을 가지고 중국 최초로 스카이프로 화상 영어를 시작했다. 당시 한국은 전화 영어, 화상 영어가 유행이었고 머지않아 중국도 이 흐름에 동참할 것이라고 생각했다. 비슷한 시기에 중국에서 필리핀 원어민 선생님이 진행하는 화상 영어 서비스를 제공하는 업체는 직간접으로 한국인이 주도하고 있었다.

 처음 시작할 때 아직 시장이 형성되지 않아서 여러 가지 어려움이 있었다. 그중 하나는 당시 중국의 인터넷 속도가 빠르지 않았고 인터넷 자료는 불법 복제와 공짜 자료라는 인식이 팽배했던 시절이라 온라인 교육으로 고비용을 받고 사업을 한다는 것은 쉽지 않은 도전이었다. 신용이 구축되지 않은 사회에서 인터넷으로 소개한 무형의 제품에 비용을 지급한다는 것은 중국 사람에게는 큰 도전이었다. 하지만 한 학생이라도 영어 실력이 향상될 수 있도록 피드백과 공부 솔루션을 연구 개발해 나가면서 조금씩 고객들의 신뢰를 쌓아갈 수 있었다.

삼성 이건희 회장은 사업의 본질을 파악해야 성공한다고 강조했었다. 신라호텔의 한 임원에게 "호텔 사업의 본질이 무엇이라 생각합니까?"라고 물었다. 그 임원은 서비스업이라고 대답했다. 이건희 회장은 이에 수긍하지 않고 "다시 제대로 한번 잘 생각해 보세요."라고 말했다. 나중에 이 임원은 여러 나라의 호텔을 조사하면서 "호텔 사업은 장치 산업과 부동산에 가깝다."라는 보고를 했다. 입점지에 따라 사업의 성패가 갈리고 새로운 시설로 고객을 끌어들여야 한다는 것이다. 그렇게 신라호텔은 사업의 본질에 따라서 새로운 전략을 세웠다. 고객을 설득하든, 회사와 협상을 하든 그 사람에게 진정으로 필요한 것이 무엇인지를 아는 것은 중요하다. 그것이 협상의 결정적인 성패를 좌우하기 때문이다.

온라인 화상 영어 서비스의 본질은 무엇일까? 온라인이 아니다. 온라인은 연결시키는 통로이다. 결정적인 요인은 되지 않는다. 내가 생각하는 온라인 교육의 본질은 사람이다. 특별히 공부를 지도해 나가는 선생님이다. 학생들이 지속적으로 비용을 지급하면서 수업을 듣는 이유는 영어 실력을 향상하기 위해서이다. 그것에 대한 결정적인 요인은 바로 선생님의 수준이다. 비대면이기 때문에 선생님의 친화력과 공감 능력은 매우 중요하다.

그래서 초창기에 어떻게 좋은 선생님으로 훈련시킬 것인가에 많은 고민을 했다. 학생 레벨 테스트를 표준화하였고, 긍정적인 피드백이 있는 선생님의 수업을 녹화해서 샘플 강의를 만들어 처음 수업에 참여하는 선생님에게 훈련용 교육 영상으로 보급했다. 학생들에게 선생님에 대한 정기적인 피드백을 받고 선생님들의 개선점이 무엇인지를 통보해 주었다. 이렇게 잘 훈련된 좋은 선생님에게 수업을 받는 학생들은 입소문으로 광고를 해주었다. 지속적으로 선생님들의 수준을 업데이트하는 교육과정 도입과 관리로 점차 회사 브랜드는 어느 정도 입지를 잡아갔다.

많은 사람은 협상을 기술이라고 생각한다. 나도 그렇게 생각했었다. 하지만 사업도, 협상도, 모두 가치 교환이라는 관점에서 생각해 보면 내가 만들어 내는 것이 정말로 많은 사람이 사고 싶은 가치가 있다고 한다면 협상력은 그만큼 커지는 것이다. 그것을 좀 더 원활하게 하는 것이 협상 기술인 것이다. 최상의 가치 창조는 그 업의 본질을 파악하는 데서 시작한다. 본질이 무엇인가? 그 업이 혜택을 받는 사람에게 줄 수 있는 최고의 이익이다. 이런 관점에서 보면 온라인 화상 영어는 선생님뿐 아니라 이 혜택을 평가하는 주체가 되는 부모님도 중요한 요소이다. 우리는 학생들의 수업 녹음 파일을 매일 부모님에게 전송해 주었다. 학생의 성장을 직접 경험할 수 있도록 배려한 것이다.

■ 2% 차이로 무너진 회사

우리 회사는 바로 선생님의 수준을 업데이트하고 양질의 교육 환경을 만들기 위해서 노력했다. 오랫동안 우리의 서비스를 이용하는 고정 고객으로 말미암아 꾸준히 성장하고 있었다.

하지만 이렇게 진행되던 사업은 위기에 직면했다.

2010년대 중국 정부는 그동안 통제하던 인터넷 속도 제한을 없앴다. 인터넷 속도 제한을 없앤 것은 당시 중국 교육 시장에 대전환을 가져왔다. 그것은 본격적인 인터넷 온라인 비즈니스가 진행된다는 의미였다.

많은 투자자는 온라인에 집중하게 되었고 그중에서 온라인 교육 시장에 관심을 갖게 되었다. 당시 디지털 콘텐츠는 무료라는 인식이 강했기 때문에 바로 투자해서 돈을 벌 수 있는 아이템으로 바로 화상 영어가 뜨게 되었다.

수많은 거대 자본이 온라인 교육 시장에 뛰어들었다. 그때부터 온라인 화상 영어는 블루오션에서 레드오션으로 급속하게 바뀌었다. 대대적인 마케팅, 가격 경쟁, 서비스 경쟁 등 여러 가지로 어려움을 겪을 때 상장 교육 회사로부터 투자 제안을 받았다.

회사 실사를 마치고 투자와 지분에 대한 논의가 시작되었다. 그곳에서 제안한 것은 51:49라는 지분 구조였다. 투자와 함께 지배 구조를 가지고자 했다. 200만 회원을 가지고 있고 많은 국공립 학교와 협업을 하고 있는 회사였기 때문에 우리에게는 좋은 기회였다. 하지만 같이 창업을 했던 중국인 직원들은 그 제안에 반대했다. 결국 투자 제안은 거절이 되었고, 회사는 걷잡을 수 없는 나락으로 빠졌다.

당시에는 중국의 시장 흐름이 어떤 식으로 전개될 것인지 예견할 수 있는 통찰력이 부족했다. 망하는 회사에 2%의 지분의 차이는 아무것도 아니라는 것을 미처 알지 못했다. 주저하며 결단을 내리지 못한 대가는 엄청났다.

나중에 투자 회사의 회장이 나에게 해준 말이 있었다.

"직원들을 너무 잘 대해 주어도 회사는 성장할 수 없다."

빠른 의사 결정은 중국 사업에서 중요한 것이다. 내가 결단을 내리지 못했던 것은 상대 회사를 정확하기 리서치하지 못했기 때문이다. 정보의 부족으로 정확한 판단을 내리지 못하고 직원들의 의견을 따라갔다. 지분 구조보다 더 중요한 것은 누가 지배 구조를 가져가는가 하는 것이다. 투자자들 중에는 선의의 투자와 악의의 투자자들이 있다. 악의의 투자자들은 지배 구조를 가지지 못한다고 할지라도 조그만 지분으로도 그 회사를 좌지우지하려고 한다. 결국 숫자보다 중요한 것은 사람이고, 실질적인 성과에 대한 재분배이다. 망해 가는 회사의 지분은 아무것도 아닌 그저 숫자일뿐이다. 사업에서 중국과 협업할 때 이 지분 구조를 뛰어넘지 못해서 협업에 실패한 경우가 많다. 누가 이 사업의 주체가 되어야 하는가? 개인적인 견해를 말하면, 중국 사업에서 한국 사람이 주도하던 시기는 지났다. 그들이 주도가 되어야 하기 때문에 지분 구조 때문에 결정을 주저할 필요는 없다.

협상의 측면에서 보면 위기는 그전에 고객들에게 호소했던 가치가 더 이상 통하지 않는다는 것을 의미한다. 환경의 변화에 따라서 그에 맞는 가치를 만들어 내지 못하면 결국에는 외면받게 되어 있다. 그전에 비싼 비용을 지급하며 공부했던 것이 이제는 자본의 힘으로 저렴하게도 이용할 수 있게 된 것이다. 고객에게 전달해 줄 수 있는 차별화된 가치가 있어야 하는데 그 부분을 준비하지 못했던 것이다.

변화하지 않는 기업은 지속적인 고객 가치를 창조할 수 없다.

2

소통을 넘어 콘텐츠로

▪️ 열정 없이 감동도 없다

고객을 감동시킬 수 있는 가치는 어떻게 만들어지는 것일까?

다른 사람들과 차별화된 가치는 수많은 열정의 산물이다. 사람들이 정말 잘 연기된 공연을 보며 다시 한번 공연해 달라고 앙코르를 외치는데, 이런 앙코르 효과는 대부분 포기하지 않고 끊임없는 연습을 통해서 나온다.

포기하지 않은 이런 열정은 어디에서 오는 것일까? 바로 자신이 꾸고 있는 꿈에서 나온다. 꿈이 있으면 즐겁게 인내하며 그 일에 집중하게 된다.

1996년, 처음 중국에 간다고 할 때 주변의 많은 사람이 적잖은 걱정을 했었다. 특히 부모님의 반대는 심했다. 그만큼 중국은 한국에 비하면 낙후되어 있었다.

지금은 빠른 고속철도와 비행기가 중국 전역을 촘촘하게 연결하여 이동이 자유로운 시대이지만, 그때는 지역과 지역을 이동하고 소통하는 것이 그렇게 쉽지 않았다. 그곳에서 교육대학원 과정을 공부하면서 미래에는 인터넷으로 교육 세계가 열릴 것이라는 기대를 가지고 있었다.

인터넷 교육이 땅이 넓고 사람이 많은 이곳에 좋은 비즈니스 모델이 될 것이라는 생각을 했다. 그래서 졸업 논문으로 인터넷 교육에 관한 논문을 쓸 계획이었지만, 당시 인터넷 속도는 너무나 느렸고 인터넷이 보급화된 상황이 아니었기 때문에 관련 자료를 찾아볼 수 없어서 그 논문을 포기했었지만, 온라인으로 사람과 사람이 연결되는 시대에 온라인 교육은 장래에 중요한 교육 수단이 될 것이라는 확신에는 변함이 없었다.

그때 가졌던, 인터넷으로 세상을 연결하여 교육을 하겠다는 꿈은 나중에 10년이 지나서 온라인 교육 회사를 세워서 직접 시작할 수 있었다.

10년 전에 꿈꾸던 그런 모습이 이루어지게 되었던 것이다.

처음 사업을 시작하는 사람들이 직면하게 되는 현실은, 사업은 우리가 생각하는 것만큼 단순하지 않다는 것이다.

많은 사람이 좋은 아이템만 가지고 시장에 나가면 될 것이라는 단순한 생각을 한다. 좋은 제품만으로는 되지 않은 시대이다. 그것을 효과적으로 론칭하기 위해서는 마케팅과 브랜딩을 해야 한다. 이런 일들을 모두 잘 해낸다는 것은 그렇게 간단하지 않다. 수많은 변수가 있고 예상치 못한 문제들이 발생한다.

화상 영어는 완전히 새로운 아이템이었다. 사람들에게 너무 생소하기 때문에 일부 사람들을 제외하고는 그것을 감히 시도하려고 하지 않았다.

그래서 사업을 할 때는 새로운 아이템과 그 아이템에 적용할 수 있는 합당한 솔루션을 가지고 있어야 한다. 중국에서 많은 외국인이 비즈니스를 시작했다가 중간에 많이 포기한다. 그들에게는 자국에서 통하는 핫한 아이템은 있지만, 현지에 맞는 솔루션을 찾지 못하기 때문에 초반에는 어느 정도 선방하나 나중에 무너지는 경우가 많다.

전자상거래의 경우 이베이는 중국의 성장 가능성을 발견하고 초기에 많은 투자를 했었다. 그러나 후발 주자인 알리바바는 전자상거래라는 아이템에 솔루션을 제공했다.

신뢰가 형성되지 않은 중국 온라인 세계에서 신뢰 시스템을 구축한 것이다. 그것은 바로 알리페이를 만들어서 구매자가 물건을 받고 확인을 해주어야 판매자에게 결제가 되는 구조인 것이다. 지금은 이미 보편화된 기술이지만, 당시 중국에서는 획기적인 전환이자, 온라인 상거래의 활성에 대단히 중요한 전환점이 되는 사건이기도 했다. 중국 사람들이 가장 걱정하는 인터넷 결제에 대한 신뢰의 문제를 해결한 알리바이는 단번에 이베이를 이길 수 있었다.

▪. 스토리와 포기하지 않은 열정으로 무장한 설득력

협상을 한다는 것은 설득한다는 것을 말한다. 설득을 하는데 두 가지 중요한 도구가 있다.

하나는 반복이다.

처음 중국에서 제품을 소개할 때 가장 효과적이었던 마케팅 수단은 바이두였다. 한국에 종합 포털사이트인 네이버가 있는 것처럼 중국에는 바이두가 있다. 네이버의 지식인처럼 바이두에도 묻고 답하는 지식인 기능이 있다.

그곳을 통해서 영어 학습에 대한 질문들에 지속적으로 답을 해주고 화상 영어의 효과에 대해서 소개했다. 그런 데이터가 쌓이기 시작하면서 문의하는 고객들이 차츰 늘어갔다. 온라인 교육이라서 온라인으로 한 광고는 효과가 있었지만, 오프라인으로 진행되었던 광고는 그렇게 좋은 결과를 얻지 못했다. 회사가 학원가에 있었기 때문에 대학교를 비롯하여 초등, 중등학교 앞에서 프로모션 행사를 많이 시도했는데 의미 있는 성과는 없었다.

온라인 상품이다 보니 메인 고객은 온라인상에서 접촉할 수 있었다. 성심껏 답을 하고 그런 기록들이 쌓여 가면서 브랜드 인식을 높여 나갈 수 있었다.

일반적으로 처음 접한 정보에 대해서 사람들은 거부 반응을 한다. 하지만 점점 거부하고 저항하는 것에서 다시 같은 정보를 들으면 부분 거부로, 다시 같은 정보를 들으면 인정하게 된다. 많은 마케팅 전략에서 이 방법을 사용하고 있다.

하지만 요즘 같은 넘쳐나는 광고 시대에 또 다른 설득의 강력한 도구는 스토리이다.

『내 운명은 고객이 결정한다』에서는 이렇게 말하고 있다.

"좋은 상품을 만들거나 선보이고 싶다면 누구에게 좋은지를 생각해 보기 전에 누구의 입장에서 좋은지를 바라봐야 한다."

요리를 판다면 매일 한 번씩이라도 SNS를 통해 내가 누구를 위해 그것들을 왜 만들고, 어떻게 만들고, 누구에게 판매하고 있는지 구체적으로 일기 형태로 쓰라고 한다. 그렇게 제품이 만들어지는 과정까지도 스토리화하고 이런 스토리를 통해 내가 어떤 핵심 가치를 가지고 고객을 대하고 제품을 만드는지 알릴 수 있다는 것이다.

우리에게 있어 가장 큰 마케팅은 고객이 또 다른 고객을 소개하는 것이었다. 고객의 경험이 하나의 스토리가 되어 자신이 겪고 있는 어떤 문제점을 어떻게 해결했는가에 대한 이야기들이 다른 사람들에게 깊은 공감을 주었다.

요즘 중국에서 유행하고 있는 왕홍 마케팅이 호소력을 얻고 있는 이유이다. 왕홍 마케팅을 할 때도 팔로우를 많이 하고 있는 사람을 접촉하는 것보다 더 중요한 것은 고객 체험이다. 체험을 구체적으로 설계하지 않으면 스토리로써 강력한 설득력을 잃어버리게 된다.

▪ 기회는 준비된 자들의 것이다

인수합병의 제안이 왔을 때, 당시 우리 회사는 의사 결정 수준, 관리 시스템, 역할 분담과 책임, 팀워크 등 모든 부분에서 영세성을 면치 못하고 있었다.

리스크를 딛고 일어날 도전 의식도 약했다.

심지어는 투자가 무엇인지? 투자를 통해서 얻을 것은 무엇이고, 어떻게 투자를 효과적으로 이용하여 더 도약할 수 있는지에 대한 전략들이 없었다.

기회는 준비된 자들의 것이다. 차근차근 준비해 나갔을 때 기회를 붙잡을 수 있는 것이다. 우리는 그 투자를 받을 만한 그릇이 되어 있지 않았다.

협상에 있어서 중국 사람들은 먼저 가격 제안을 거의 하지 않는다. 이것은 그들의 협상의 룰이다. 가격을 먼저 제시하면 그 가격에서 깎기 시작한다. 제대로 된 평가를 하지 않은 상태에서 내가 생각하는 적정 수준의 가격을 제시하면 심지어 그 가격에서 50% 저렴한 가격으로 협상안을 제시하지 않고 거의 20~30% 수준으로 가격을 논의하기 시작한다. 물론 소프트웨어이니까 제조업과는 차이가 있을 수 있지만, 실제 개발에 들어간 비용들을 생각한다면 도저히 받아들일 수 없는 가격이다.

원래 제시했던 가격의 20% 수준으로 역제안을 하고 상대방의 반응을 살피며 그 가격으로 받아들여야 할 수많은 논리적인 근거를 만들어 간다.

여기에 철저하게 준비되어 있지 않고 공부하지 않으면 쉽게 당하게 된다. 일반적으로 내가 가지고 있는 정보량이 많은 경우 함부로 가격을 제시하지 않는다.

중국에서 오래 생활하다 보니 아는 지인 중에 자신들의 아이템을 소개해 달라고 요청하는 사람들이 많았다. 그전에 중국의 기술이 낙후되었을 때는 많은 아이템이 가능했지만, 지금은 중국에서도 그 회사와 사람의 역량을 보는 경향이 많아졌다. 얼마나 준비되고 성장 가능성이 있는지를 보는 것이다. 우리 회사는 준비되어 있지 못해서 기회를 잡지 못했고, 기회는 도리어 위기가 되었다.

당시 중국은 1년 치 수업료를 한꺼번에 받는 것이 관례였다. 거대 자본이 온라인 시장에 투자되면서 가격 경쟁이 심해지고 몇몇 회사들은 거대 자본으로 투자를 받고 공격적인 마케팅을 시작했다. 가격 경쟁력과 마케팅에서 뒤처지면서 우리 회사는 자연스럽게 위기에 직면하게 되었다.

새로운 학생이 점점 줄어들면서 매달 지급해야 하는 선생님 급여와 고정비를 감당하기 힘들었다. 그럼에도 불구하고 회사를 그만둘 수 없었다. 오랜 시간 동안 우리를 믿고 이미 학비를 지급한 고객을 무책임하게 외면할 수 없었다.

그러나 그런 책임을 감당하는데 많은 대가를 치러야 했다. 가정 생활비를 줄여야 했으며 그것으로 인한 고통은 이루 말할 수 없었다.

힘들었지만 그렇게 책임을 회피하지 않고 감당하기 위해 변화를 몸부림칠 수밖에 없었다. 위기를 타파하기 위해 절박한 심정으로 생각할 수 있는 모든 시도들을 다 해보려고 했다. 이렇게 변화를 위해 몸부림칠 때 새로운 가능성들이 하나씩 열리기 시작하였다.

화상 영어는 저비용으로 외국인과 연결해 주는 링크 역할을 한다. 이것은 온라인이 줄 수 있는 강력한 파워였다. 하지만 단점은 진입 장벽이 높지 않다는 데 있다.

신생 온라인 화상 영어는 거의 고의적으로 우리의 홈페이지를 도용했고, 우리의 CS 상담 멘트까지 학습해 갔고, 우리가 학생들에게 보내는 평가 시스템까지 배워서 도입했다.

더 이상 진입 장벽이 낮은 화상 영어로는 승부하기 쉽지 않다는 것을 알았다. 그렇다면 그다음에는 무엇을 해야 할까 고민했다.

단순히 사람을 연결하는 소통의 수단을 뛰어넘는 무언가를 준비해야 했다. 그것에 대한 결론은 바로 콘텐츠였다.

우리는 교육의 강력한 콘텐츠 역할을 하는 책을 도입하기로 했다. 그렇게 해서 도입된 것이 바로 청취닷컴의 하이라이츠 (Highlights) 독서 교육 솔루션이었다.

미국의 아동 잡지로 유명한 하이라이츠 출판사가 발간한 2,000권의 책을 듣기, 따라 읽기, 발음 교정, 문제 풀이 등으로 수업하는 영어 스토리북 공부 시스템이다.

현장에 맞는 비즈니스 모델

▪ 베이징 북페어

협상에는 대상이 있다. 중국에 새로운 사업을 론칭하면서 관심 있는 한두 업체에 집중하다 보면 일이 잘 안 될 때 대안을 찾지 못할 경우가 많다. 그래서 좋은 파트너를 찾기 위해서는 보다 많은 명단을 확보해야 한다. 가능한 많은 업체와 접촉해야 시장을 더 정확하게 분석할 수 있다. 소수의 업체로는 중국 전체 소비자의 동향을 파악할 수 없다. 또한, 여러 업체를 미팅하면 자신의 서비스에 대한 다양한 의견을 들을 수 있고, 그 평가를 토대로 고객이 만족하는 서비스로 업데이트하면서 경쟁력을 점점 높여갈 수 있다.

그렇다면 어떻게 많은 업체를 접촉하고 그들과 관계를 맺어갈 수 있을 것인가? 여러 업체를 한꺼번에 접촉할 수 있는 좋은 장소는 전시회나 박람회이다.

첫 번째 우리가 공략했던 시장은 베이징 북페어였다. 그곳에는 매년 열리는 세계 3대 국제 도서 전시전으로 베스트셀러가 될 수 있는 책을 발굴하기 좋은 계기가 된다. 이곳을 통해서 외국의 많은 도서가 선정되어 번역되어 출판된다. 책뿐 아니라 많은 교육 콘텐츠 관련 업체들도 참여하고 있다. 매년 수많은 세계 각국의 출판사가 참여하여 자사 출판물과 관련 교육 프로그램을 전시하고 저자와 직접 만날 수 있는 기회도 있어 새로운 도서 트렌드를 알 수 있을 뿐 아니라 최첨단 교육 관련 IT 회사들도 만날 수 있는 곳이다.

우리는 하이라이츠라는 미국 출판사 책의 판권을 구매하여 솔루션으로 만들었기 때문에 그 출판사와 가까운 곳에 부스를 배치하여 효과를 극대화하는 전략을 사용하였다.

하이라이츠 영어 리딩은 영어 원서와 독서 후 5가지 영어 교육 솔루션을 제공하는 독서와 영어 공부를 결합한 참신한 시도였다. 많은 사람이 관심을 갖고 우리 부스에 찾아왔다.

이런 전시회를 선택할 때에는 전시회에 대한 충분한 조사와 전시회의 포지셔닝을 정확하게 이해해야 한다. 전시회마다 중점을 두고 있는 소비층과 바이어들이 다르기 때문이다. 베이징 북페어의 경우 많은 국제 출판사가 참여하고 있다. 여기에 참석하는 많은 사람은 대부분 책에 중점을 두고 있다. 하지만 학교와 교육업계에 교육 도구나 솔루션을 판매하기 위해서는 북페어보다는 교육 공구 전시회나 상하이 교육 전시회를 참석해도 좋다. 이곳에서는 중국 전역에서 교육 종사자들이 바이어가 되어 참여하기 때문이다.

직접 부스를 열 수도 있지만, 여러 박람회를 참관하는 입장에서 참여할 수도 있다. 명함을 돌리고 그들이 하고 싶은 말을 하게 하면 된다.

이 제품의 장점이 무엇인가요? 어떤 의도로 이 제품을 개발했나요? 어떻게 차별화하려고 노력했나요? 이런 질문들은 제품을 이해하는데 핵심적인 질문이고 지금의 트렌드를 이해하는 데도 도움이 된다. 서로가 보완 가능한 업종인 경우에는 협력을 제안해도 된다.

▌ 중국 공교육 시장 공략하기

베이징 북페어에서 홍위라는 업체가 우리 솔루션에 관심을 많이 가졌다. 이 업체는 공립학교에 기자재를 공급하는 업체였다. 메인 고객이 공립학교이다 보니 학교에 필요한 것들이 무엇인지 잘 알고 있었다.

중국도 한국과 마찬가지로 영어 교육은 필수 과목이다. 영어 교육 열풍은 유치원 때부터 시작된다. 경쟁력 있는 유치원은 영어와 중국어를 같이 공부시킨다.

이 업체는 중국의 영어 교육에 필요한 것이 무엇인지 제대로 파악하고 있었다. 교과서 중심의 영어 공부로는 한계가 있다는 것이었다. 각 과목 교과서에 맞추어 하이라이츠의 스토리북을 레벨에 맞게 추천해 달라고 했다.

우리에게는 좋은 기회였다. 그 회사가 원하는 대로 중국 영어 교과서를 한국에 보내서 교과서의 단원을 분석한 다음, 스토리북을 핵심 단어와 핵심 문장 등을 정리하여 레벨에 맞게 분류하고 교과서와 매칭하는 작업들을 했다. 드디어 교과서 베이스로 스토리북을 추천하였다. 학교에서는 교과서를, 집과 학원에서는 관련 스토리북을 공부할 수 있도록 한 것이다. 이런 시도는 현장의 필요에 맞춰 진행되었고, 그때까지 그렇게 추천한 콘텐츠는 없었다.

이런 과정이 쉽지 않았지만, 현장의 요구에 맞춰 사업의 기초를 하나씩 세워갈 수 있었다.

이 작은 시작이 나중에 중국 론칭을 하는 데 있어 굉장히 중요한 디딤돌이 되었다.

중국의 공교육 시장과 사교육 시장은 그 성격이 완전히 다르다. 한국과 마찬가지로 공교육 시장에 접근하기 위해서는 학교와 깊은 관계를 맺고 있어야 한다. 외국 업체가 그런 관계를 직접 한다는 것은 거의 불가능에 가깝다. 이미 관계가 설정이 되어 있는 업체와 협력하는 것이 훨씬 유리하다.

학교 교육의 복잡한 시스템은 사회주의 국가이기 때문에 교육위원회의 직접적인 통제를 받는다. 새로운 교육 정책이 나오면 그 정책에 맞는 학술 과제가 선정된다. 학술 과제를 진행하고 그 성과에 따라 실행 방안이 만들어진다. 보통 학술 과제에 참여하였던 업체가 그 시장을 거의 독점하는 구조를 갖는다.

처음에 알지 못했던 이런 복잡한 관계 속에서 이 업체와는 제시한 가격이 너무 낮다고 평가했기 때문에 계약이 성사되지 못했다.
아는 만큼 보이고, 보이는 만큼 기회를 잡을 수 있었는데, 당시에는 그 제시된 가격에 대한 정확한 평가를 할 수 있는 지식이 우리에게는 없었다. 첫 번째 기회는 그렇게 해서 놓치게 되었다.

▪ 현장에 답이 있다

중국 사람들이 제조업으로 세계를 제패하는데 사용했던 전략은 저임금을 기반으로 한 박리다매 전략이었다. 제품당 실질적인 이익은 적지만, 대량 판매를 했을 때는 충분한 이익을 남길 수 있었다. 임금이 많이 올랐지만 중국은 여전히 제품당 중간이윤을 최소화하는 경향이 있다.

한국 업체들은 제품 안에 기술 개발비와 기타 많은 고정 비용이 포함되어 비슷한 기술에 있어서 중국 제품보다 가격이 비싸다. 이런 상황을 극복하는 것은 현재 쉽지 않은 도전이다. 구조상 한국적 비즈니스 모델을 가지고 중국에 적용하는 것은 가격 경쟁력에서 뒤처지기 때문에 적지 않은 기업들이 많은 박람회에 참여해도 실계약으로 이어지기 힘든 구조이다. 탁월한 기술적 우월성으로 중국에서 어떤 대가를 치르더라도 그 제품을 원한다면 다른 이야기이다.

하지만 조금 업데이트된 기술로는 가격이라는 커다란 장벽을 넘기가 힘들다. 그러나 일부 기업은 그 장벽을 넘어 성공한 사례가 있다.

아무리 우수한 콘텐츠라고 할지라도 현장에 대한 이해가 없다면 그것은 이용할 만한 가치가 되지 못한다. 중국은 현장 응용력에 있어서 탁월하다. 선진국의 우수한 제품들을 그냥 복제할 뿐 아니라 현장에 맞추어 미세한 조정을 한다. 틀이 바뀌는 것까지 과감하게 시도하게 된다.

이렇게 해서 지속적인 현장 검증을 하고 업데이트하는 속도가 신속하다. 샤오미 레이쥔 회장은 사업 초창기에 자기가 맡았던 프로그램을 일주일에 한 번씩 고객의 요청 사항을 반영하여 업데이트하였다. 이런 신속한 업데이트를 가능하게 한 것은 바로 사용자가 참여할 수 있는 생태계를 만든 것이었다.

심지어 초기 안드로이드 시스템은 사용자들이 업데이트한 버전들을 커뮤니티를 통해서 다운로드한 다음, 이를 필요로 하는 커뮤니티에 다시 제공했다. 이런 업데이트 속도 때문에 중국의 고객들은 환호성을 지르면서 샤오미의 팬이 되었다.

힘든 작업이었지만, 현장의 요청에 따라 우리는 영어 교과서를 기초로 한 콘텐츠를 만들었다. 이것은 현장의 목소리를 반영한 우리 자신만의 핵심 경쟁력이 되었다. 교과서 베이스로 콘텐츠가 꾸며져 있었기 때문에 학교 대상으로 상품을 판매할 수 있어 많은 업체가 관심을 갖기 시작하였다.

한 프로젝트가 실질적인 성과로 이어지기 위해서는 긴 투자가 필요하다. 포기하지 않고 현장의 상황에 따라 지속적으로 업데이트할 때 점점 차별화되고 경쟁력 있는 서비스를 창조할 수 있다.

교과서 베이스의 콘텐츠는 후에 더욱 정교하게 다듬어서 중국의 현지 전문가들이 같이 참여하여 업데이트하였다.

그때 참여했던 업체는 최종적으로 계약까지 가지 못했지만, 나중에 중국의 최대 외국어 관련 출판사인 외연사(外研社)의 영어 교과서 정식 애플리케이션에 영어 콘텐츠로 참여할 수 있었다.

4

계약까지 오고 간 70통의 이메일

▪️ 판매 전략: 먼저 예리한 질문부터 개발하라

비즈니스 모델을 설정하는 데 있어서 중요한 몇 가지 질문이 있다.

우리의 고객층은 누구인가?

우리는 어떤 서비스를 공급할 수 있는가?

어떻게 그들과 만날 것인가?

우리가 이용할 수 있는 자원은 무엇인가?

그들은 왜 우리의 서비스를 이용하는가?

처음에는 이런 전략적 질문을 하지 않고 시장에 접근했다. 사업의 형태에 따라서 그들의 니즈는 확연하게 차이가 있었다. 먼저 고객에 대한 분석과 그들이 중요하게 생각하는 가치, 그들이 직면하고 있는 문제에 대한 분석 없이 시작했던 협상은 전부 실패했다.

고객층에 따라서 그들에게 접근할 수 있는 여러 가지 유통 라인이 있을 수 있다. 중국에서 소비자를 직접 대면하는 것은 쉽지 않다. 우리가 현지의 상황을 잘 모르기 때문이다. 대부분은 B2B 관계로 사업을 시작하는데 이것은 정밀한 설계가 요구된다.

우리는 온라인 교육 솔루션이기 때문에 지역 한계를 정하기가 쉽지 않았다. 하지만 많은 B2B 업체들은 지역 기반으로 하는 업체들이 많이 있었다.

온라인과 지역 대리점을 동시에 추진한다는 것은 서로가 충돌할 수 있는 많은 여지가 있다. 그래서 중국 업체들은 온라인 제품과 오프라인 제품을 몇 가지 다른 기능으로 해서 투 트랙 전략을 많이 사용한다.

우리는 온라인 서비스 비용보다 훨씬 저렴한 가격으로 지역 총판을 모집했고, 첫 번째 업체가 상하이의 롱맨 중국 총대리점이었다.

당시 회사가 직영하는 영어학원의 학생은 13,000여 명이었다. 또한, 롱맨 총판의 교재를 쓰고 있다는 다른 학원들도 같이 공략할 수 있었기 때문에 중요한 고객이었다. 하지만 온라인 제품에 대한 확신이 적은 상태에서 총대리점 계약까지는 가야 할 길들이 많았다.

■ 결국 콘텐츠 싸움이다

교육 시장에서는 콘텐츠의 위력은 대단히 크다. 한국에는 좋은 교육 콘텐츠가 많이 있다. 하지만 중국에도 수많은 종류의 콘텐츠가 쏟아지고 있다.

중국에 많은 한국의 교육 콘텐츠가 들어왔었으나 몇 개의 콘텐츠를 제외하고는 성공한 사례는 많지 않다.

콘텐츠 사업은 초기 투자 비용이 크다. 하지만 정상화되면 판매량이 늘어날수록 이익은 급속도로 증가한다.

중국의 교육 콘텐츠 업계에서 쓰는 전략은 처음에는 무료로 배포를 한다. 소비자의 사용자 경험을 중요시하면서 많은 업데이트를 한다. 이것이 가능하기 위해서는 많은 자본이 필요하다. 우리가 2,000권의 영어 원서를 콘텐츠로 제작했는데 1년이 안 돼서 많은 업체가 비슷한 서비스로 등장했다. 그들은 실질적인 판권을 구매하지 않고 진행하는 경우도 있었다. 어떻게 리스크를 감당할 수 있겠느냐는 질문에 소송으로 가더라도 무료 콘텐츠 비즈니스 모델로 인해서 수익이 많지 않기 때문에 배상해야 할 금액은 감당할 만한 수준이라고 했다.

그런 다음 이용자가 많아지면 유료화할 수 있는 서비스를 개발한다.

좋은 콘텐츠의 특징은 수많은 사용자의 피드백을 통해서 자주 업데이트를 진행하여 현장에 맞게 수정해 간다는 것이다. 한국 교육 콘텐츠 중에 성공한 사례는 이런 업데이트와 마케팅을 현지 업체에서 주도할 때였다. 그리고 자신만의 독특한 정체성이다. 여기에는 교육 이념이 들어가야 한다. 기술을 뛰어넘는 가치를 제공할 수 있어야 한다.

그렇게 하기 위해서는 고객에 대한 정의와 업에 대한 본질을 정확하게 규정하여야 한다. 우리는 처음부터 교과서 베이스로 추천 스토리북 형태로 갔기 때문에 우리와 같은 형태의 서비스는 찾아보기 힘들었다.

■ 신뢰는 쌓아가는 것

중국 교육 회사에 있어서 콘텐츠는 성장하는데 핵심 전략 중의 하나이다. 이 업체는 이미 롱맨을 중국에 도입했고, 현지화도 성공했다. 그 기반으로 대형 프랜차이즈 학원으로 성장하고 있었다. 그런 과거의 성공 경험을 기반으로 새로운 콘텐츠를 개발하고 도입하는 데 열린 마음을 가지고 있었고, 마침 박람회에 출품한 우리의 영어 원서 솔루션에 관심을 많이 두고 있었다.

우리는 유치원부터 고등학교까지 30개 레벨로 독서 등급을 나누었는데, 이 업체는 바로 우리의 학생들 수준에 맞는 다양한 레벨의 영어 스토리북 시스템에 관심을 갖고 있었다.

원래 우리 솔루션은 이렇게 많은 레벨을 갖고 있지 않았다. 하지만 현장의 목소리를 듣고 학생들의 수준에 맞는 30개의 레벨로 등급화했다. 그뿐 아니라 학생들의 영어 수준을 테스트할 수 있는 시스템도 만들었다.

모든 고객이 같을 수 없다. 각각의 니즈가 다른 상태에서 모두를 만족시킬 수 없지만, 핵심 역량으로 우리가 집중해야 할 몇 가지 영역은 정해 놓아야 한다. 그래야 그것이 협상에서 중요한 우리의 배트나(BATNA: Best Alternative to a Negotiated Agreement)가 될 수 있다. 협상의 배트나는 협상 없이 자신의 이익을 충족시켜 줄 최상의 대안을 의미한다. 협상에서 상대방의 불리한 제안에 대해 거절할 수 있는 한계점을 결정해 놓아야 하는데 이때 배트나가 중요한 역할을 한다. 포기하지 않고 끝까지 호소했던 인내와 성실성이 바로 우리의 배트나였다.

이미 외국 콘텐츠를 도입한 경험이 있었기 때문에 세세한 부분에 이르기까지 많은 질문이 메일로 오고 갔다. 몇 가지 핵심 질문이 있었는데, 레벨 테스트에 대한 기준의 객관성 확보 문제, 교육 콘텐츠는 정부의 정책상 외국에 서버를 둘 수 없다는 것이었다. 서버 운영에 관한 문제, 상하이 총대리 계약의 경우 지역 보장에 대한 문제 및 온라인과의 관계 설정 문제 등 세세한 부분들에 대한 질문들을 받으면서 하나씩 업데이트해 나가고 문제들을 해결해 주었다.

이런 성실한 팔로우를 해 나가면서 70통이 넘는 메일과 수많은 대화, 그리고 6개월이라는 시간을 포기하지 않고 요구한 것들을 하나씩 만족시켜 나갔다.

상하이에 가서 몇 번의 직접 미팅과 대화를 통해서 마치 사랑하는 사람과 연애하기 위해 구애하듯이 숱한 편지로 상대방의 마음을 산 결과, 최종적으로 상하이 총계약까지 이루어졌다. 이렇게 성사된 사례도 있지만, 많은 업체는 이런 간절함에도 결국에는 협력하지 못했다. 모두가 애인이 될 수 없다. 하지만 정말로 적당한 시기에 가장 좋은 파트너를 만날 것이다. 결론이 나기 전에는 포기하지 말아야 한다.

고객을 향해 최상의 서비스를 제공하겠다는 마음은 사업에 있어서 가장 중요한 기본 중의 기본이다. 고객을 향해 연애하듯 자신의 서비스로 사랑을 고백하면 오래갈 수밖에 없는 기업이 된다.

일본에 스루가야(駿河屋)라는 600년이 넘은 과자점이 있다. "하찮은 고객은 한 사람도 없다."라는 슬로건으로 한 사람의 고객도 소홀히 하지 않은 것으로 유명하다. "단 한 개의 과자를 사는 손님에게도 똑같이 친절하라."라는 신조로 한 사람 한 사람에게 최선을 다한다. 고객을 향해 "당신은 중요합니다!"라고 외치며 최상의 서비스를 제공하였기에 이렇게 오랜 시간 동안 사랑을 받을 수 있었던 것이다.

중국 현지에서 사업을 잘하는 한국 사장님들의 공통된 특징이 있다. 중국을 비난하거나 무시하지 않는다. 그들의 가치를 인정하고 존중하는 사장님들은 사업을 잘한다.

5

기회는 쌓인 노력의 결과이다

▪ 스타트업에서는 나눔을 먼저 하라

인지도가 없는 상태에서 사업을 전개할 때는 사람들에게 자연스럽게 경험할 수 있는 기회를 제공하는 것이 좋다. 좋은 경험은 전파력이 있다.

중국은 이미 체험형 마케팅이 많이 뿌리를 내리고 있다. 한 달 무료 이용권을 제공하는 곳이 많이 있다. 무료 이용권을 이용한 다음, 서비스에 만족하면 비용을 지급하면 된다.

고객들이 공감할 수 있는 나만의 스토리가 제품과 서비스 안에 녹아져 있어야 한다. 대개 이런 나만의 스토리는 고객의 니즈를 파악하고 업데이트하면서 만들어진다.

이를 위해서는 여러 가설을 세우고 솔루션을 하나씩 만들어가는 것이 중요하다. 모든 기획이 실질적으로 고객에게 필요한 것인지는 오직 현장에서만 체험할 수 있다.

발명왕 토머스 에디슨이 이런 실험 정신으로 자신만의 스토리를 써갔다.

발명왕 에디슨은 천 번의 실패를 거듭한 끝에 전구를 발명했을 때 누군가가 물었다.

"그렇게 실패하고도 전구 개발을 계속할 수 있었던 이유가 뭡니까?"

에디슨이 말했다.

"실패라니요? 저는 다만 전구를 만들 수 없는 천 가지 방법을 찾아냈을 뿐인 걸요. 실패를 통해 교훈을 얻고 새로운 방법으로 고객을 만족시키는 모든 과정입니다."

이렇듯 수많은 가설을 하나씩 증명해 나가면서 고객의 마음을 얻을 수 있는 최상의 서비스로 거듭날 수 있었다.

하이라이츠 론칭을 하면서 여러 종류의 업체들을 만났다. 영어를 가르치는 학원, 영어 독서실을 운영하는 교육 회사, 대형 프랜차이즈 교육기관, 학교, 학교에 교육 프로그램을 제공하는 업체, 대형 유치원 프랜차이즈 회사 등이었다.

그중에서 몇 가지 중요한 계약들이 있었는데, 12만 유치원이 이용하고 있는 유치원 교육 플랫폼 회사인 즈휘이슈와 콘텐츠 공급 계약을 맺었다.

처음에 계약을 했던 몇 곳의 대형 교육 플랫폼 회사에서 실질적인 이익으로 돌아온 것은 그렇게 크지 않았다. 그러나 그곳에서 우리의 제품을 경험했던 고객들 중에는 나중에 더 큰 가치를 만들어 주는 결정적인 계기가 되었다.

아직 시장이 형성되지 않았을 때는 천천히 같이 시장을 만들어 가는 것이었다.

첫술에 배부르지 않는다. 그러나 그 첫술은 다음 단계를 향해 나아가는 좋은 디딤돌 역할을 한다.

▪ 경계선이 분명한 협상

처음 사업을 시작할 땐 고객이 요구하는 것은 모든 것을 들어주어야 한다고 생각했었다. 중국 사람들은 굉장히 실용적이고 논리적이다. 사업에 있어서 세밀한 부분들까지도 챙기는 경우가 많이 있다. 그래서 다양한 부분에서 요청을 해오고 이런 것들 중에 한 가지라도 제대로 대응을 못 할 경우 계약이 되지 않는다고 생각하기도 했었다.

영업을 하다 보면 이렇듯 수많은 현장의 목소리들이 있다. 처음에는 그런 목소리들을 응대하기 위해서 한국에 온갖 종류의 이슈를 다 말하고 그것을 맞추기 위해서 개발자들은 밤을 새워가며 일을 하기도 했다.

고객을 배려하고 고객의 문제를 해결하기 위해 노력할 때 고객의 마음을 얻는 것은 당연한 것이다. 그런데 언제까지 고객의 요구에만 응대하고 그 사업에 이익을 낼 것인가?

어느 날 본부장이 중국에 와서 이대로는 안 된다고 했다. 제품이 완전하지 못하다고 해서 판매가 불가능한 것이 아니라고 말했다. 개발자들이 번아웃 되어 가면서 사업을 장기적으로 진행하는데 심각한 문제가 있을 것을 진단하며 내린 결론이었다.

"모든 현장의 요구를 다 수용할 수 없다. 우선 업데이트 사항을 체크해서 본사 스케줄에 따라서 일하겠다."

이것은 나에게 있어서 하나의 패러다임을 바꾸는 계기가 되었다. 현장과 현재 내가 가지고 있는 유한한 자원과 역량을 어떻게 효율적으로 균형을 이룰 것인가? 이것은 쉽지 않은 난제이다. 협상을 하다 보면 많은 요구사항이 있다. 그런 요구사항 때문에 제품을 판매할 수 없는 것인가? 그렇지 않다. 부족하면 부족한 대로 판매할 수 있다. 완벽한 제품이란 없는 것이다. 구매자들은 완벽을 요구하지만, 어느 정도 활용할 수준이 된다면 일부 구매를 하고 사용하면서 업데이트할 수 있는 것이다. 이 부분에서 주도권을 갖지 못하면 사람을 설득할 수 없다. 지금까지 제품이나 서비스가 나오기까지 수고한 모든 노력은 그 자체로 인정을 받아낼 수 있어야 한다.

마케팅을 잘하는 사람은 바로 제품이 가지고 있는 중요한 특징으로 사람을 설득할 수 있다.

등받이가 없는 불편한 의자도 팔 수 있는 포인트가 있다. "이 의자에 앉으면 잠이 오지 않습니다. 보다 좋은 성적을 내고자 하는 학생에게 권합니다."라고 추천할 수 있는 것이다. 틈새시장이 있고 이 정도의 제품을 이 수준의 가격으로 받아들일 수 있는 소비자가 있는 것이다.

고객의 요구사항만 따라가다 보면 그 요구가 만족되었을 때 구매를 결정한다고 할 수 없다. 그들은 또 다른 요구를 할 수도 있다. 제품 구매에 대한 의지가 강하지 않은 사람은 이것저것 요구만 하기 쉽다. 그런 사람들을 잘 분별해야 한다.

자신이 할 수 없는 것에서 NO라고 이야기할 수 있는 용기가 있어야 한다. 아직 준비되지 않았고 계발 예정인 서비스를 가능하다고 말해서는 안 된다. 신뢰를 더 잃어버릴 뿐이다. 내 제품에 대한 확신과 자신의 서비스에 대한 가치 설정이 분명했을 때 NO라고 말할 수 있다.

◾ 업데이트 시스템

"남다른 성과를 얻기 위해선 삶에서 도미노 효과를 만들어 내야 한다."

『원씽(The One Thing)』의 작가 게리 컬러는 자신의 성공을 경험으로 발견한 경영 노하우를 이렇게 정리하고 있다.

"두 마리의 토끼를 쫓아가면 두 마리 다 잡지 못하고 말 것이다. 주어진 시간과 에너지가 한정되어 있는 상태에서 다른 것에 영향을 줄 수 있는 핵심적인 한 가지에 성과를 낼 수 있도록 집중하여야 한다."

우리는 외연사와 북경출판사에 교과서 베이스가 된 영어 원서 스토리북을 2년이 넘게 론칭하면서 앞으로 나아갈 수 있는 결정적인 계기를 만들었다.

 이것으로 인해 하이라이츠는 지명도가 높아졌으며, 다른 업체들과 중요한 계약들로 나아가는데 중요한 디딤돌 역할이 되었다.
 이런 과정을 경험하면서 하나의 성공을 소중히 다루고 더욱 확대하여 보다 큰 효율을 낼 수 있는 방안을 찾아야 한다.

 하이아이츠 론칭 3년 후에 관계자로부터 원래 외국 출판사 중에 하이라이츠가 세컨드 그룹에 속하여 찾아가는 영업을 하였는데 지금은 롱맨, 피어슨과 같은 초대형 국제 아동출판사들과 같은 등급의 출판사로 발돋움하여 이제는 많은 업체가 찾아오는 출판사가 되었다고 들었다.
 그리고 우리와 협업했던 청취닷컴은 하이라이츠 출판사의 정식 메인 솔루션 개발 업체로 협력하면서 전 세계 하일라이츠 고객들에게 서비스를 제공할 수 있는 기회가 열렸다. 중국을 뛰어넘어 전 세계로 나아갈 수 있는 기회를 얻은 것이었다.

 모두가 도미노 게임을 좋아한다. 많은 사람이 알지 못하는 사실은 하나의 도미노가 쓰러질 때 자신보다 1.5배가 큰 것을 넘어뜨릴 수 있다. 5cm의 작은 도미노에서 시작된 힘이 계속 증폭이 되어 18번째에 가서는 피사탑만큼 큰 도미노도 넘어뜨릴 수 있고, 23번째 도미노는 에펠탑보다 클 것이며, 31번째 도미노는 에베레스트

산보다 클 것이다. 심지어 57번째 도미노는 지구에서 달에 이르는 거리만큼 큰 도미노도 넘어뜨릴 수 있다.

혹자는 중국과 거래하면 "엄청 큰 거래가 이루질 것이다."라는 이야기를 자주 듣는다. 하지만 큰 숫자의 거래가 최종적으로 거래로 성사되는 것을 거의 보지 못했다.

중국에서 대부분은 잘되고 있는 제품이나 서비스는 일반적으로 한국에서도 성공한 서비스들이 많이 있다. 하나의 성공의 또 다른 성공으로 이어지는 것이다.

> 자신의 강점과 경험을 가지고 일하고 협상하라.
> 축적된 경험과 강점이 많아질수록 협상력은 올라간다.
> 자신을 진정으로 사랑하는 자만이 자신의 보물을 간절하게 호소할 수 있다. 자존감은 협상과 연애에 있어 결정적 요소이다.

2장

중국 비즈니스
현장 이해하기

1

정글에서 살아남기

▪ 중국을 이해하는 3가지 키워드

중국은 가깝고도 먼 이웃이다. 중국에 대해 아는 만큼 협상력도 높아질 수 있다. 하지만 정보의 부재는 내가 제시하는 많은 협상의 조건이 상대로부터 쉽게 내 논리가 무력화되고 어쩔 수 없이 끌려가는 협상을 할 수밖에 없다. 2장에서는 중국을 좀 더 이해할 수 있도록 비즈니스 협상에 필요한 영역을 중심으로 고민해 본 내용이다.

우리는 중국에 대해 알고 있는 많은 지식을 가지고 있다. 그런 지식들이 맞는 것도 있지만, 실제로 부딪치다 보면 우리가 기본적으로 알고 있는 것들이 너무 협소하다는 것을 알 수 있다.

『손자병법』의 「모공편」에는 "지피지기 백전불태(知彼知己 百戰不殆)"라는 말이 있다. 적과 자신의 실정을 정확하게 파악하고 있다면 백 번을 싸워도 위태롭지 않을 수 있지만, 적을 모르고 자신만 아는 사람은 전쟁에서 이길 확률은 반반이라고 했다.

"부지피이지기 일승이부(不知彼而知己 一勝一負)"

하지만 그보다 최악은 적과 자신의 실정을 파악하지 못하는 사람이다. 이런 경우에는 싸울 때마다 질 수밖에 없다.

적과 자신을 아는 데는 균형이 필요하다. 자신이 진정으로 무엇을 잘할 수 있고, 어떻게 앞으로 직면할 문제들을 해결할 수 있는 능력이 있다는 것을 알면 크게 중국과의 협상이라는 길고 긴 여정을 잘 이겨낼 수 있다.

협상에서 상대방을 아는 것은 너무나 중요하다. 그래서 고대 전쟁뿐 아니라 현대전에서도 정보전은 대단한 중요한 영역이다.

중국을 알고 그들의 문화를 알면 비즈니스 전략도 보이게 된다.

누군가를 좋아해서 그 사람의 마음을 얻기 위해서는 먼저 그 사람이 좋아하는 음식, 선물, 취향 등 관련된 정보를 알아야 한다. 중국에서 사업을 하기 위해서는 중국을 알아야 한다. 개인적으로 경험한 중국은 다음 3가지 키워드로 정리할 수 있다.

첫 번째 키워드는 협상력이다. 춘추전국 시대에 생존을 위협하는 수많은 전쟁을 치르고 먹고 먹히는 양육강식과 같은 환경에서 살아남기 위한 몸부림과 삶의 의미를 고민하면서 공자, 법가, 노자 등 동양의 사상가들이 나왔다. 다른 한편으로는 수많은 전쟁을 치르면서 많은 병서(兵書)가 출간되어 전쟁에서 승리할 수 있는 방법들이 나오게 되었다. 우리가 잘 알고 있는 병서로는 『손자병법』,

2장. 중국 비즈니스 현장 이해하기

『36계』를 포함하여 강태공이 지었다고도 하는 『육도』 등이 있다.

손자는 '싸우지 않고 이기는 것을 최고의 병법'이라고 했다. 싸우지 않고 이기기 위해서는 일반적인 전략 외에도 수많은 계략과 모함, 헛소문을 통한 상대를 이간질하는 것 등이 자연스럽게 등장하였다.

이기기 위해서 수많은 경우의 수를 계산하며 협상에 임하는 모습은 정말로 배울 것이 많다. 젊은 사업가들도 능숙하게 상대방을 다룰 수 있는 배짱이 있다. 과감하게 배팅하면서 상대방의 진정한 의도를 알아보려는 기술이나 적당한 수준에서 물러설 줄 아는 모습, 그리고 그것도 안 되면 가지고 있는 힘을 사용하여 마지노선을 정하는 모습 등 중국인과 많이 접해 본 나는 그들이 탁월한 협상가라는 것을 인정하지 않을 수 없다.

두 번째 키워드는 적응력이다. 처음에 중국에 갔을 때 이미 정착해 살고 있던 선배로부터 들은 이야기가 있다.

"중국을 여러 나라 중의 하나라고 생각하지 마라. 중국은 하나의 다른 세계라고 생각해야 한다." 이 이야기는 내가 중국을 이해하는 데 많은 도움을 주었다.

원래 여러 민족과 나라가 함께 살아가던 중국을 하나의 국가로 통합해 가는 과정에서 수많은 충돌이 있었다.

이런 내부의 적뿐 아니라 외부의 적과도 전쟁이 있었다. 몇 번에 걸쳐서 한족이 아닌 다른 민족에게 정복을 당하였다. 하지만 피정

복민으로 살아가면서도 이겨내는 삶의 방식을 체득한다. 그래서 매번 군사적으로 패배해서 피지배층이 되었지만, 나중에는 놀랍게 그들의 문명을 흡수하여 중국화해 왔다. 협상력과 적응력에 있어서 중국은 그 어느 민족에 뒤지지 않게 최적화되었다. 이것은 고도의 문명이 가진 혜택일 것이다.

4대 문명이 발생한 이래 수많은 민족과 나라가 일어났지만, 중국만큼 외부의 세력을 문화적으로 흡수하여 소멸시켜 버리는 능력을 가진 국가는 없었다.

사회주의도 중국식 사회주의라고 하여 중국화를 이루었고, 자본주의도 흡수하여 중국식 사회주의 안에서 자본주의 특징들을 흡수하여 나갔다. 이런 학습력 때문에 중국은 근현대 200년을 제외하고는 서양과 비교하여 문화적·경제적 우월성을 유지하고 있었다.

이런 최적화 시스템은 국가뿐 아니라 비즈니스 세계에서도 동일하게 적용되고 있다.

세 번째 키워드는 다양성이다. 이것은 중국 시장을 이해하는 데 중요하게 생각해야 할 요인이다. 다양성 가운데서 조화로운 사회를 이루고 살고 있는 것이다. 각 성(省) 사이에도 많은 문화적 차이가 있다. 남방과 북방의 차이도 크다. 그들의 가치관과 관계를 맺는 방식, 언어, 외모까지도 차이가 있다. 남쪽 지역의 경우 산 하나를 경계로 서로 다른 방언을 사용하고 있는데, 실은 다른 언어 시스템을 가지고 있는 것이다.

그 외에도 이러한 다양성은 세대 간에도 커다란 간격으로 남아 있다. 1980년대 출생 세대, 1990년대 이후 출생 세대, 2000년대 이후 출생 세대, 이렇게 구분해 나가는 세대들의 차이는 살아왔던 격변의 사회적인 환경에 따라 다르게 형성되고 있다.

시장에 접근할 때는 내가 판매하고자 하는 사람들이 어떤 사람인지를 리서치하고, 그들에게 맞는 영업 전략을 세워 나가야 한다.

◾ 최적화 능력

협상의 달인이자 최적화 능력을 갖춘 중국인들과 협상한다는 것은 쉽지 않은 도전이다. 그들은 자신이 활용할 수 있는 모든 가능성을 가지고 설득해 나간다. 강하게 나올 때도 있지만, 부드럽게 설득하고 기다리는 능력도 가지고 있다.

철저하게 논리적으로 상대방을 설득하려고 한다. 그뿐 아니라 한 번에 모든 것을 해결하려고 하지 않는다. 시간을 컨트롤 할 수 있다는 것은 협상에서 대단히 중요한 요소이다. 같은 물건이라도 시간이 한정되어 있으면 비싼 가격을 주고라도 사야 하는 것이다. 중국 사람은 이런 부분들을 잘 이용한다.

처음에 언급했던, 결국 결렬된 밤샘 협상에서도 보면 계약을 하기 위해 한국에서 대표까지 협상 장소로 모셔 왔다. 능숙한 협상가라면 계약서 내용을 최종적으로 확정하고 갔을 것이다. 그러나 우리는 준비가 되어 있지 않았고, 그곳에 도착해서 비로소 계약의 구체적인 내용을 가지고 협상을 했다. 대표도 참석한 협상이었기에 이미 우리는 시간 싸움에서 불리한 입장에 서 있었고 계속 끌려가고 양보하는 협상을 하게 되었던 것이다.

협상 심리학의 대가인 로버트 치알디니는『설득의 심리학』에서 사람을 설득하는 원칙으로 일관성의 원칙을 소개하고 있다.

"사실 우리도 때때로 생각이나 신념이 이미 내린 결정이나 이미 저지른 행동과 모순되지 않게 하려고 자신을 속인다."

계약을 하기 위해 갔던 많은 행위는 스스로 거부할 수 없게 함으로써 더 많은 것들을 양보하게 만드는 것이었다.

이런 최적화된 능력을 가진 중국인들과 협상을 하기 위해서 알아야 할 중요한 원칙이 있다.

"이 세상에는 영원한 적도 친구도 없고 오직 영원한 이익만 있을 뿐이다."라고 처칠은 이야기했다. 그러므로 협상의 스킬은 매우 중요하다. 하지만 궁극적으로 내가 하는 이 일이 상대방에게 이익을 가져다 준다는 기본 확신만 있다면 밀고 당기는 협상에서 중심을 잡을 수 있다.

100만 원의 상품을 팔 준비를 하면서 이것이 100만 원을 넘어 그 이상의 이익을 상대방에게 줄 수 있다는 확신이 있다면 적응력이 뛰어난 중국인들은 그 가치를 재빠르게 발견할 수 있을 것이다. 먼저 비용 이상의 몇 배의 이익을 주겠다는 생각으로 상품을 기획하고 서비스를 계발해야 한다.

■ 만만디라고?

보통 중국 사람들의 특징을 만만디(慢慢的)라고 이야기한다. 만만디는 한자로 '느리다'라는 뜻이다.

중국 사람들은 대체로 느긋하다. 때로는 한국 사람들의 빨리빨리 문화를 이해하지 못할 때가 많이 있었다.

1996년 처음 중국에 갔을 때, 정말로 그때 중국은 느릿한 사회였다. 조급함도, 조급해야 하는 이유도 없었다.

그러나 중국 사람을 이해하려면 단순히 만만디로 이들의 습성을 완전히 대변할 수 없다.

이들은 역사적으로 수많은 전쟁을 겪으며 먹고 먹히는 그런 사회에서 살아왔다. 그 나름의 생존 방식으로 그들의 삶을 유지해 왔던 것이다.

이것은 중국인들이 탁월한 적응력을 가지고 살게 만들었다. 만만디는 이런 적응력을 묘사할 때 사용된다. 바로 바꿀 수 없는 것은 순응하면서 더 좋은 기회를 기다리는 삶의 태도가 이들에게 있었다.

이방 민족에 의해 정치적 점령을 당했던 청나라나 원나라 때를 보면 이들은 힘이 약해 침략을 당했지만, 그 가운데서 조급하지 않고 자신들의 삶의 패턴으로 결국 이들 이방 민족들을 흡수했던 것이다. 이 시간이 지나가면 또 다른 기회가 생길 것이고, 권력도 지나갈 것이라는 믿음이 있었기 때문에 이들의 적응력은 만만디로 대변되었다.

사회주의라는 새로운 정치 시스템에서는 개인의 사유재산이 인정되지 않았기 때문에 혼자 열심히 일할 필요는 없었다. 그렇게 적응하면서 삶의 속도는 빠르지 않았다.

하지만 개혁개방이 되면서 속도는 경쟁력이고 돈이라는 새로운 개념들이 생겨나기 시작했다. 그때 발 빠르게 공직자에서 비즈니스로 뛰어든 사람들은 시장을 선점할 수 있었고, 이런 속도로 경쟁력을 키워가며 세계의 공장이 되었다.

중국은 새로운 사회에 맞춰 발 빠르게 적응력을 키워 가고 있다. 중국의 스타트 기업은 무한경쟁에서 살아남기 위해 다른 사람들보다 더 신속한 결정으로 시장을 주도하려고 한다. 특히 플랫폼 기반의 사회로 전환되면서 어떻게 다른 사람보다 더 빨리 서비스를 제공하고, 더 많은 지역에서 더 많은 사람이 사용할 수 있도록 할 것인지는 너무나 중요한 이슈가 되었다.

그래서 지금은 이런 경쟁 사회에서 살아남기 위해 엄청난 속도로 업데이트하고 있다. 빨리 움직여야 할 시기가 되었을 때 이들은 그렇게 적응해 가고 있는 것이다.

이런 사례의 대표 주자가 바로 샤오미(小米)의 레이쥔 회장이다. 그는 진산츠바(金山词霸)라는 회사에 있을 때부터 일주일에 한 번씩 소프트웨어 업데이트를 했었다. 이를 위해 끊임없이 고객과 소통하며 고객의 이야기를 바로 현장에 적용하여 소비자의 요구에 응대했다. 이런 빠른 서비스로 인해 많은 젊은이가 그의 팔로워가 되었던 것이다.

이렇듯 이익과 관계되는 부분에서 중국은 놀라운 속도록 업데이트하고 있다. 때로는 이들의 속도에 현기증이 날 때가 있다. 중국은 현재 결코 만만디 하지 않다. 이런 중국의 업무 스타일에 맞추어서 진행하기 위해서는 결정을 빨리 내려야 한다. 특별히 결정해야 할 것을 빨리하지 못하거나 약속 시각을 지키지 못하는 것들은 현재 중국 비즈니스에 상당한 마이너스 요소가 될 수 있다.

중국은 지금 3~5년에 한 번씩 구조적인 변화가 일어나고 있다. 발 빠르게 대처한 한국 기업은 이런 변화에 살아남았고, 그렇지 않은 회사들은 철수했다. 많은 외국 기업이 바로 이런 빠른 변화에 적응하지 못하고 있는 실정이다.

2

아무도 믿지 말라,
불신의 기초에 세운 신뢰 시스템

▪ 왜 이렇게 불신의 사회가 되었는가?

중국에 간 지 얼마 안 되었을 때 중국을 이해하기 위해서는 꼭 읽어 봐야 한다는 책을 추천받았다. 장융(張戎)의 장편소설 『대륙의 딸』이다. 3대에 걸쳐 경험했던 근현대 역사 속에서 한 가정이 경험했던 아픔들이 책 속에 그대로 녹아져 있는 소설이다.

이 책에는 청나라 말 군벌 시대부터 시작해서 국민당과 공산당의 내전, 공산당의 집권과 문화혁명에 이르러 점차 개방으로 가는 중국 현대사를 잘 살펴볼 수 있다. 우리나라도 현재 체제와 이념이 다른 남과 북으로 갈라져 있는데, 중국의 여러 운동과 정책들이 민중에게는 어떻게 느껴지고, 국가의 체제가 민중의 삶에 어떤 영향을 끼쳤는지 생각해 보게 하는 책이었다. 수많은 전쟁 가운데서 정권이 바뀔 때마다 살아남은 사람들이 있고, 바뀐 정권이나 왕조에서 무너진 사람들이 있었다. 문화대혁명 때 서로를 고발하고 감시하는 사회 분위기에서 살기 위해서는 또 고발해야 하는 문화 가운데서 서로에 대한 불신이 생겨났다.

그 책을 읽고서부터 중국 친구들을 일대일로 만나면 자신의 내면 이야기를 꺼내지만, 2~3명이 같이 있으면 자신에 대한 피상적이고 객관적인 이야기밖에 하지 않는다.

특별히 조직에 대한 비판이나 정권에 대한 부정적인 발언은 사뭇 조심스러워한다. 서로 친구라고 술을 나누지만, 언제 이 사람이 자신을 배신할지 모르는 상황을 염두에 두고 살아가는 것 같다.

당시 내가 경험했던 것들이 책 1권으로 이해가 되기 시작했다. 중국 역사에 대해서 배우면 현재의 많은 현상이 자연스럽게 이해되었다.

중국 사회에서 문화대혁명의 영향은 매우 컸다. 서로에 대한 감시 시스템이 세워진 사회에서 한 사람에 대한 진정한 신뢰가 형성되기까지는 많은 시간이 걸리고, 그 사람을 증명하는 시간들도 그만큼 신중하다. 하지만 정말로 서로 믿을 만하고 신뢰할 만하다고 증명되면 그 관계는 서로 소중히 여긴다.

그리고 사회주의 사회라서 무엇인가 결정을 해야 하는 상황에서는 자신이 책임져야 하는 상황이 되는 것을 극도로 피한다. 그래서 회의가 많다. 회의에서 결정한 것은 책임을 묻기가 쉽지 않다. 모두가 회의하고 참석하였기 때문에 그것은 모두의 결정인 것이다. 비효율적인 것 같지만, 서로에 대한 불신이 어느 정도 균형을 맞추는 행위라고 할 수 있다.

한국 사람들은 CEO가 긍정적인 대답을 했을 경우 거래가 확정적이라고 생각하는 경향이 있다. 그런데 중국에서는 이것은 긍정적인 검토일 뿐이다. 이 내용으로 다시 상의를 해보겠다는 의미이다. 처음에는 이해되지 않은 문화였다. 아무리 결정권이 있다고 할지라도 직접적인 책임을 질 부분에서는 될 수 있으면 분산시키려고 하는 경향이 있다.

■ 불신을 극복한 시스템

중국에서 자주 듣는 소리는 "속지 말라!"라는 말이다. 이것이 너무나 일상이었기 때문에 속지 않기 위해서 경계를 하는 것이 지극히 정상인 것이다. 그리고 만약 사기를 당했다고 한다면 사기를 당한 사람이 지혜롭지 못해서 사기당하였다는 인식으로 비난을 받기도 한다.

땅도 넓고 사람도 많다. 어느 누구에게 어떻게 당할지는 아무도 모른다. 돈을 위해서는 무엇이든 만들어 낼 수 있는 실력을 갖추고 있다. 세상을 떠들썩하게 했던 가짜 분유 사건이 있다. 2003년 안후이성(安徽省)에서 저질 분유를 먹은 아이들의 머리가 커지는 증상이 나타났는데, 이 사건으로 영유아 13명이 숨졌다. 타오바오(淘宝网)가 활성화되었을 때 가짜 상품들이 많이 등장했었다. 심지어는 가짜 달걀이 만들어질 정도였다.

비록 사회적인 분위기가 그렇다 할지라도 혁신을 이룬 기업들은 구조적 시스템을 변형시킴으로써 이런 문제들을 해결해 버린다. 이런 문제들을 사회적으로 공론화시키고 IT 기술과 시스템으로 바로잡아 가는 많은 과정을 통하여 점점 그런 것들이 잡혀 가기 시작했다.

가짜 상품에 대한 타오바오(淘宝网)의 부족한 연결 고리를 꿰뚫어 보고 이 문제를 극복하고 신뢰 구축 시스템을 도입한 것이 바로 징동(京东)이었다. 징동은 하루 배송 시스템과 함께 물건을 회사에서 직접 소싱하면서 정품 보장을 했다.

이것이 중국 사회에 큰 반향을 일으키면서 타오바오라는 이미 구축되어 있는 절대적인 인터넷 전자상거래의 아성을 파고들어 필적할 수 있는 회사로 성장할 수 있었다.

이에 대해 알리바바도 자체 정품 상품들을 강화하는 티몰 플랫폼을 만들어 제조사에서 직접 운영할 수 있도록 했다. 경쟁이라는 도구와 미국이 로열티 없이 복제하는 것을 문제 삼고 중국을 공격하면서 중국 정부도 강력한 제재 방안을 내놓기 시작했다.

예전에 비하여 온라인 거래는 신뢰 구축이 상당히 잘 되어 있다. 이런 신뢰 시스템이 온라인 마켓의 성장에 지대한 영향을 미쳤다.

▪ 불신의 세계를 넘어라

낯선 사람과 사업할 때 중국 사람들 사이에서 작동하는 시스템이 불신이라는 것을 안다면, 내가 확실한 신뢰 관계만 만들 수 있다면 사업은 쉽게 할 수 있다.

비즈니스 미팅을 할 때 일반적으로 중국에서는 접대를 잘한다. 식사를 하면서 서로에 대해 이해하는 시간을 갖는다.

중국에서는 "먼저 친구가 되고 그 후에 사업을 하라."고 한다. 사업보다는 먼저 관계를 만들어 가는 것을 더 중요하게 생각한다.

　이것은 분명한 목적을 가지고 있는 우리에게 답답한 구조가 될 수 있다. 처음 협상할 때 나는 먼저 사업에 대한 이야기를 꺼냈었다. 하지만 최고의 리더십과의 만남에서는 사업 이야기를 하면 하수라고 생각한다.

　특별히 사업 결정권자하고 식사할 때는 먼저 사업 이야기보다는 내가 누구인지를 객관적으로 드러내는 것들이 필요하다. 단순히 돈벌이 이상의 무엇인가를 드러낼 수 있어야 한다. 회사의 비전과 회사가 추구하는 가치가 무엇인지, 그것을 위해서 어떤 일들을 하고 있는지 전반적인 이해를 할 수 있도록 기회를 제공해야 한다.

　사업에 대한 이야기는 대부분 그쪽에서 관계자들을 불러모은다. 그리고 실질적인 문제에 대해서 같이 토론하게 한다. 이런 토론에서는 철저하게 제품과 제공하고자 하는 서비스에 대한 어필을 확실히 해야 한다.

　좋은 관계가 형성되었을 때, 어떤 프로젝트를 제안했을 때 현실적이지 못한 부분에 대해서는 아무리 친구가 되었다고 해도 관계 때문에 손해 보면서 결정하지는 않는다. 그것을 업데이트할 수 있는 부분들을 제안한다. 이러면 일반적인 비즈니스 관계에서는 얻지 못하는 마켓에 대한 분석까지 같이 배울 수 있게 된다.

또한, 그런 제안 외에도 필요하면 다른 관계들도 소개시켜 준다. 신뢰 관계가 형성이 되면 관계 중심인 중국 사람들로부터 기꺼이 필요한 자원들을 소개받을 수 있다.

3

언어 이면의 진실 꿰뚫기

■ 하오(好)를 제대로 해석하라

중국과 한국은 유교 문화의 영향으로 체면과 관계를 굉장히 중요시한다. 거절할 때도 직접적인 표현보다는 간접적인 표현을 할 때가 많다. 이런 문화를 제대로 파악하지 못해 어려움에 처하는 경우가 많이 발생한다.

만약 내가 어떤 서비스를 제공을 했을 때 처음부터 이것이 좋지 않다고 표현하는 경우는 거의 없다. '하오(好, 좋다)'라는 표현을 하였지만 실제 구매로 이어지지 않는 경우는 많지 않았다.

그래서 나중에 따로 만나서 왜 구매를 하지 못하는지에 대해서 물어보면 그때 실제적인 이야기를 한다. 왜 우리 제품을 구매할 수 없는지 실질적인 이유에 대해 들어보면(물론 그때도 대부분 직접적인 표현은 하지 않지만) 우리 제품의 부족한 부분을 이야기하며 거절의 이유를 말한다.

물론 '하오(好)'라는 말에는 좋다는 의미가 있다. 하오라는 말로 긍정을 표현한다. 긍정을 이야기할 때는 강조하는 형용사가 붙는다. "페이창 하오!(非常好)" 매우 좋다는 표현이다.

외국 사람이 오해하기 쉬운 표현은 이것뿐 아니라 '차부뚸어(差不多)'라는 말도 있다. 이 말은 대충 비슷하다, 큰 차이가 없다, 거의 비슷하다, 대강 같다 정도로 해석할 수 있다. 이 말에는 책임을 분명히 하여 자신이 그 선택에 대한 모든 대가를 감당하지 않으려고 하는 중국적 문화가 그대로 담겨 있다.

중국에 정착하여 살기 시작했을 때 누군가 중국에서 손해 보지 않고 생존할 수 있는 방법을 알려주었다. 만약 자전거를 타고 길을 가다가 사고가 나면 자신이 더 많은 과오가 있더라도 "잘못했습니다!"라는 말을 하지 말라고 한다. 잘못했다고 시인하는 그 순간 모든 손해 배상의 책임을 떠안게 된다고 한다. 지금까지 중국인이 잘못을 저지르고도 정확하게 '잘못했습니다'라는 표현인 '뚸이부치(对不起)'라는 말을 거의 듣지 못했다. 그 말보다는 '뿌하오이쓰(不好意思)'라는 말을 사용한다. 이 단어의 의미는 '참 곤란하다', '부끄럽다' 정도의 표현이다.

분명한 표현으로 책임져야 할 부분을 책임지지 않고 자신의 입장을 적당하게 대변할 수 있는 단어인 것이다. 굉장히 비논리적인 표현 방식이지만, 이들이 문화 가운데 생존하는 방식이었다.

약속 시각에 나타나지 않은 친구에게 전화해서 언제 도착하는지 물어보면 '마샹(馬上)'이라는 말로 곧 도착한다고 말한다. 그러나 곧 도착하는 단어도 한국에서 표현하는 5~10분 개념이 아니다. 기본적으로 30분, 심지어는 그것이 1~2시간도 될 수 있는 것이다.

중국에서는 이런 언어의 개념을 정확하게 이해하고 있어야 하며 앞뒤 전후의 말을 배경으로 그 정도를 파악하고 있어야 한다.

이러한 사례는 비즈니스에서도 일상적으로 일어난다.

■ 구매하겠다

아는 지인의 친구가 중국에서 2번째 큰 사이트인 징동 쇼핑몰에서 시계 판매로 이미 큰 성공을 하고 있었다.

하지만 한국 화장품으로 영업을 확장하고 싶어서 나에게 한국 마스크팩 컨택을 요청했다. 이 과정에서 몇 개의 회사를 소개받고 각 회사의 제품 샘플을 보내서 테스트해서 한 회사의 제품이 선별되었다. 구매 조건은 좋았다. 자신들이 직접 전량 수입해서 징동 쇼핑몰에 입점하겠다고 했다. 중국 마케팅도 자신들이 책임지겠다는 것이었다. 첫 구매 수량을 확정하고 징동 쇼핑몰에 독점 입점 권한을 요구했다. 지극히 정상적인 요구였고, 수많은 한국 화장품이 중국에 진출해 있는 상황이었기 때문에 중국 회사는 많은 리스크를 감수하고 사업을 추진하는 것으로 알고 있었다. 월요일 계약 미팅을 하기로 했는데 일요일 미팅을 할 수 없다고 한국 회사에서 연락이 왔다.

너무 당황해서 이유를 말해줄 수 있느냐는 질문에 내부 사정으로 진행할 수 없다는 이야기였다.

결국 미팅 스케줄은 취소되었고, 계약은 성사되지 못했다. 나중에 들은 이야기였는데, 중국의 다른 바이어가 엄청난 물량을 구매하겠다는 의향을 보내와서 이미 약속된 스케줄을 취소했다는 것이다.

처음에 우리 회사가 리딩 솔루션을 론칭할 때도 했던 실수가 바로 여기에 있었다. 중국에서 구매하겠다는 것은 구매를 검토하겠다는 표현이다. 이것은 계약을 이야기하는 것이 아니다. 체면 문화와 겉으로 화려함을 좋아하는 문화적 특징들이 결합되면서 먼저 다른 사람들에게 자신의 위신을 과시하고자 하는 말들을 먼저 한다.

이런 언어의 차이를 이해하지 못하고 중국 사람과 사업을 하겠다고 생각하면 뜻하지 않은 큰 손해를 볼 수 있다. 말 한마디 한마디 진정한 의도를 알 수 있도록 다양한 채널을 통해서 대화하며 파악해야 한다.

▪ 좀 더 고려해 보겠다

중국은 친한 관계일수록 거절을 직접적으로 표현하지 않는다. 완곡한 표현을 사용한다.

특별히 고려해 보겠다는 말은 심도 있게 논의해 보겠다는 말도 되지만, 몇 번의 미팅 후에 이런 말이 나왔다고 한다면 그것은 거절의 간접적인 표현이라고 생각해도 무난하다.

이런 표현에도 신호를 파악하지 못하고 여전히 협상을 지속해 나가려고 하면 그때는 단도직입적으로 단칼에 거절의 의사를 명확하게 표현한다.

협상을 위한 공식적인 루트 외에도 실무진에서 소통할 수 있는 사람을 컨택하는 것도 필요하다. 정식적인 이야기 외에 실무진에서 흘려보내는 정보들이 매우 중요한 단서가 될 수 있다.

정식 협상 외에 식사 때나 다른 기회를 잡아서 친하게 지내려는 마음을 가져야 한다. 그 회사와 협상이 되지 않아도 이런 관계를 쌓아 놓으면 내부의 상황들을 더 자세히 알 수 있을 뿐 아니라 나중에 이 직원이 다른 회사에 가더라도 보통은 비슷한 업종으로 가기 때문에 협력 파트너로 우리 회사를 추천해 줄 수 있다.

어떤 회사와 협력을 할 때 결정권을 가진 키맨과 좋은 관계를 유지해야 하지만, 직원들 중에 실무에 실질적인 역할을 하는 사람들과도 개인적으로 관계를 맺는 것을 소홀히 하지 말아야 한다.

그들의 개인적인 생활에 관심을 갖고 그들의 어려움에 공감해 주고, 필요하다면 개인적으로 적극적으로 도울 때 진정으로 고마워한다.

특별히 자녀가 있는 경우에는 자녀에게 필요한 책이나 교육 자료들을 선물로 주면 매우 고마워한다.

나중에 다른 회사와 협력을 논의할 때도 이렇게 관계를 쌓아온

2장. 중국 비즈니스 현장 이해하기

직원에게 그 회사에 대한 평가, 우리가 협력하기 원하는 방식을 공유해 주면, 회사에 대한 객관적인 평가를 제3자를 통해 얻을 수 있고, 협력 방식에서 보다 유리한 방식의 협력을 제안받을 수 있다. 이렇게 얻은 정보는 매우 유익하게 활용된 경우가 많았다.

▪ 여기에도 다 있어!

내가 참여했던 협회의 일로 투자 회사의 CEO와 자주 만나서 이야기할 기회가 있었다. 내가 속해 있었던 협회와 관련된 프로젝트에 대해 제안할 때 자주 들었던 이야기가 있었다.

"여기에도 다 있다."

투자 회사라서 여러 가지 제품에 대한 검토를 많이 했을 것으로 생각하지만, 많은 업체를 미팅하다 보면 의외로 이 말을 자주 듣게 된다.

세계화와 인터넷의 발달로 인해 나라 간의 교류는 어느 때보다 활발한 상태이다. 이로 인해 제품은 상향 평준화를 이루었고, 외국 직구가 발달함으로써 아주 새롭게 특별한 제품을 찾는 것은 어렵지 않게 되었다. 혁신적인 기술이 도입되었다 할지라도 비슷한 기능을 카피하는 것도 더욱 쉬워졌다.

그래서 '여기에도 다 있다'라는 말은 그렇게 틀리지 않은 말이다. 하지만 모든 서비스가 같을 수는 없다. 제품마다 추구하는 방향성이 다를 수 있다. 특별히 교육 솔루션을 공급하는 업체에 있어서는 교육을 추구하는 방식에 따라서 다양한 모습을 갖출 수 있다.

워낙 복제가 빠른 중국에서 좋은 서비스를 그대로 놓아둘 리가 없다. 가능한 빠른 시간 내에 복제해서 시장의 흐름을 타고자 한다. 하지만 오랜 시간 동안 준비한 업체와 그냥 표면상의 복제가 같을 수는 없는 것이다.

'여기에도 다 있다' 혹은 '같은 서비스가 이미 제공되고 있다'라는 식의 이야기를 들었을 때는 최대한 경청해야 한다. 구체적인 내용, 서비스 이름, 그리고 가격대, 경쟁력 등 상세한 정보를 파악하는 것이 필요하다. 정중하게 비슷한 서비스와 제품이 어떤 것인지 구체적으로 아는 한 가르쳐 달라고 요청한다. 막연했던 지식들을 구체적으로 비교하며 제품의 차별점을 더욱 상세하게 설득할 수 있게 된다.

하지만 비슷한 기능을 만들어 낸 회사가 있다고 하더라도 그 회사의 정책상 지금 만나고 있는 이 회사와 협력할 의향이 없을 수도 있다. 어린 시절 소풍 가서 보물찾기 놀이처럼 기회는 모든 환경 가운데 감춰져 있다. 이미 비슷한 서비스를 제공하는 경쟁 업체가 우리의 파트너가 될 수 있다. 그들의 제품이 정말로 저렴하다면 그들의 일부 제품을 소싱할 수 있고, 외국 수출을 위해 같이 협력하여 공동 연합전선을 펼칠 수도 있다. 이것은 협회 관련 협상을 하면서 써왔던 전술이었다. 한국에서는 일대일로(一帶一路)에 관한 여러 가지 부정적인 뉴스도 나오고 있지만, 현재 진행되고 있는 인프라는 앞으로 어떤 식으로든 더 많은 교류의 장이 열릴 것이다. 현재 국가 차원의 협력들이 이제 서서히 민간으로 넘어갈 때가 올 것이다.

기술 투자가 되었든 지분 참여가 되었든 신뢰성 있는 회사와 협업 관계를 만들어 간다면 앞으로 중국을 통해서 일대일로 국가들에 진출할 수 있는 더 많은 기회가 올 것이다.

처음 솔루션을 론칭할 때 비슷한 기능에 가격이 우리보다 훨씬 저렴한 사례들이 많이 있어 더 이상 협상을 진행하지 못했던 시기들이 있었다. 하지만 이것 때문에 협상을 지연시킬 수는 없었다. 우리 회사에게는 생존의 문제였기 때문에 절실했었다.

때로는 협상의 과정 중에 가격을 낮춰야 할 때도 있고, 브랜딩을 위해 손해를 보면서도 공급해야 할 필요성도 있다. 또 가격 정책 외에도 차별화된 것이 무엇인지 찾아서 설득해야 하고, 지속적인 업데이트 가능성과 지금까지 수고와 노력 등이 장기적 협력에서 절대적으로 필요한 신뢰를 담보해 줄 수 있다고 어필하면서 협상했다.

그렇다. 제품보다 더 중요한 신뢰를 보장해 줄 수 있다. 마케팅은 관계이다. 광고가 아니다. 광고는 상대방이 어떻게 생각하든 그대로 전달하는 것이다. 그러나 마케팅은 상대방의 마음을 얻는 것이다. 협상에서 잊지 말아야 할 것이다. 제품을 파는 것이 아니라 바로 우리 자신을 팔아야 한다.

4

아는 만큼 사랑할 수 있다

▪ 박리다매의 중국

생산 능력이 상향으로 모두 평준화된 시대에서는 경쟁자와의 가격 싸움에서 우위를 점하는 전략을 쓰게 된다. 그렇기 때문에 중국의 일반 회사에서 쓰는 전략은 제품당 제조원가에 붙여 이익 범위가 좁을 수밖에 없다. 바로 박리다매의 전략을 쓸 수밖에 없다.

중국에서 성공한 대표적인 기업들이 바로 이런 박리다매의 전략으로 성공하였다. 구체적인 사례를 들면 구어메이전기(国美电器)의 황광위(黃光裕) 회장이 있다. 그는 한때 중국 최고의 갑부로 알려지기도 했는데, 가전제품 시장에서 중간상을 거치지 않고 중간 유통비용을 줄여서 제품을 판매했다. 당시 전자제품은 수입품 판매 위주였는데, 국산 제품 판매로 방향을 바꿨다. 중국 가전산업의 성장을 예견한 것이었다. 이 과정에서 그는 제품을 생산하는 공장 간에 경쟁을 붙여 더 싸게 물건을 들여왔다. 그렇게 해서 중국 최고의 가전제품 유통 회사가 되었다.

이런 사례는 비단 구어메이 한 회사만 이야기하는 것은 아니다. 이런 전략으로 중국이 세계의 공장이 된 것이다.

한국에서는 생산 제품의 단순 가격 비교만으로 중국의 가격 경쟁력을 뚫는다는 것은 쉽지 않다. 이것은 대량 생산 체계를 통해서 중간 이윤을 낮추기 때문이다. 물건을 구매할 소비자가 많다는 것은 박리다매의 전략뿐 아니라 플랫폼 전략에도 굉장히 큰 도움을 주고 있다. 이것은 규모 경제를 실현할 수 있기 때문이다. 중국 현장에 있으면서 총성 없는 수많은 플랫폼 전쟁이 이루어지는 것들을 보아 왔다.

중국에서 협상을 하다 보면 중요하게 대두되는 질문은 바로 가격이다. 한국의 제품을 가지고 가격을 이야기하면 중국인들은 놀란다. 한국은 박리다매가 아니다. 제품 계발에 투자된 비용을 회수하기 위해서도 공장 출고가는 높게 책정이 될 수밖에 없는 구조이다.

새로운 시대에는 새로운 전략이 필요하다. 한 가지 사례를 들면 중국과 멕시코의 저가 제품들과의 경쟁에서 폐업을 고민하던 브러시 공장에서 나사의 화성 탐사용 브러시, 원자력발전소 청소용 브러시 등 이전에는 전혀 상상도 하지 못한 브러시를 팔게 된 브라운 브러시라는 회사가 있다. 박리다매의 전략에서 벗어나 틈새시장과 자신만의 독특한 영역을 개발해 나갔다.

바로 세상에 없는 특별한 자신만의 제품을 만들어 낸 것이다. 가격으로 결정할 수 없는 새로운 가치를 만들어 승부해야 한다. 그러

므로 가격에 대해서 먼저 관심을 갖는다면 가격을 미리 이야기할
필요는 없다.

▪ 의사 결정 구조를 이해하라

한국의 본부장이 중국의 파트너를 같이 만날 때 나에게 반복했
던 질문이 있었다.

"우리가 만나는 사람이 키맨 맞습니까? 키맨이 아니라면 누가
키맨입니까?"

키맨이란 이 프로젝트의 실질적인 결정권자라는 뜻이다. 처음에
는 그렇게 대수롭지 않게 생각했던 이 질문이 시간이 흐르고 만나
는 사람이 많아질수록 굉장히 중요한 질문이라는 것을 깨달았다.

본격적인 협상에 나서기 전에 누가 이 프로젝트의 최종적인 결
정권자이며, 우리는 누구와 협상을 해야 하는지에 대해 반드시 사
전 확인을 해야 한다.

또한, 결정권자 외에도 이 협력의 결정에 영향을 줄 수 있는 관
계자들을 파악해야 한다. 협상에 필요한 내용들을 모두 조절이 끝
나고 최종 이사회에 보고를 하는 중에 한 이사의 반대로 무산되는
경우도 있다. 이사회의 모든 사람이 결정에 중요한 역할을 하는 것
은 아니다. 하지만 이사들 중에서도 특별히 강력한 발언권을 가지
고 있는 사람도 있다.

CEO의 성향에 따라서 회사를 운영하는 방식도 달라지게 되는데
어떤 때는 실권을 아내가 쥐고 있는 경우도 많이 있다.

그렇다 보니 협상을 하기 전에 먼저 이 회사의 지배 구조를 파악하는 질문들을 많이 하게 되었다. 이 업무와 관련된 질문을 하다 보면 의외로 많은 정보를 얻을 수 있게 된다. 이사회의 구성과 결정권자의 성격과 취향도 알 수 있게 된다. 회사의 그전 협력 회사들의 사례에 대해서 질문하면 그런 협력 사례가 앞으로의 협상에 중요한 표준 프로세스가 될 수 있다. 이런 질문들은 나중에 실질적인 협력을 할 때도 많이 도움이 된다. 물론 회사의 규모에 비하여 프로젝트가 그렇게 중요하지 않은 경우에는 실무진에서 결정하는 경우도 있다.

실무자들에게는 실무적인 이야기만 하면 된다. 중요한 결정을 내릴 중요한 사안에 대해서는 직접 결정권자와 미팅을 할 수 있도록 주선을 부탁해야 한다.

상대를 아는 것은 내부의 사람을 통해서도 알 수 있지만, 주변의 다른 사람들에게 회사에 관해서 질문을 해도 많은 정보를 알 수 있다. 요즘은 중국도 많이 투명해져서 회사 CEO에 대한 과거 법적인 문제 혹은 다른 회사의 지분 소유, 투자 현황에 대해서도 조사할 수 있다.

■, 빅 스케일

중국을 가보면 무엇이든지 크고 화려하다는 것을 금방 알 수 있다. 유명 대학의 경우 걸어서 돌아다니는 것이 힘들 정도로 넓다.

중국 비즈니스맨들과 이야기를 하다 보면 옛날에 비하여 더 과감해지고 자신감이 넘쳐난다. 점점 과거 세계를 제패했던 자신감이 회복되고 있다는 생각이 든다.

구체적인 사례를 들면, 1405~1433년에 중국인들은 중국 제국의 교역 판로와 영향력을 확대하기 위하여 7차에 걸쳐 동남아시아와 서아프리카에까지 상업 항해 원정을 나섰다. 제1차 탐험 항해에서는 62척의 배에 왕조의 중신, 관리, 군인과 상인 등 2만 7,870명이 타고 있었다. 콜럼버스의 국제 항해단과는 비교할 수 없는 막강한 외국 진출이었다. 이런 역사적 사실에 대해 중국인은 대단한 자긍심을 가지고 있다.

크고 화려함을 추구하는 이들은 대륙을 놓고 싸우는 생명을 싸움에서 이겨야만 살 수 있는 구조에서 서로 경쟁하며 이길 수 있도록 자신을 훈련해 나갔을 것이다. 크고 힘 있는 한 민족만이 살아남는 구조에서 생존을 위해 다른 사람들을 짓밟고 가야만 자기가 살 수 있는 극한 경쟁에서 자신이 강하다는 것을 증명하기 위해서 많은 노력을 했을 것이다.

그 외에도 중국 전통문화는 유교의 영향으로 체면 문화와 계층 간의 질서를 기본으로 하고 있다. 이런 계층 질서는 서양과는 다른 전체주의에서도 사회적 동요 없이 지금까지 사회주의 정치 체제를 잘 적응해 왔던 이유 중의 하나이다.

체면 문화와 전체주의는 협상에서도 과도하게 자신을 과시하거나 자신과 협력하면 엄청난 보장을 받을 수 있다는 식의 이야기를

2장. 중국 비즈니스 현장 이해하기

자연스럽게 꺼낸다. 요청하는 것도 과감하게 요청하고 자신이 담보할 수 있는 것도 과감하게 배팅하는 식이다.

협상을 할 때 상대방의 말이 어느 정도 진실인지에 대해서는 여러 차례 했던 말들을 점검하면서 진단해야 한다. 그리고 작은 성과들을 통해서 상대의 진정한 실력을 평가해야 나중에 말만 믿고 추후에 결과가 없는 것을 방지할 수 있다.

가치를 높여라:
품격과 실력

1

자신을 고품격으로 디자인하라

$$\mid$$

■ 매력을 가져라

사람들이 협력을 고려할 때 먼저 프로젝트보다 더 중요하게 생각하는 것은 나와 협력할 사람이다. 협상에 앉아 있는 사람이 매력이 있다면 사람을 끄는 것이다. 매력 있는 사람은 협상에서 이미 절반은 승리한 것이다.

전문적인 용어를 사용하자면 브랜딩이다. 자신을 어떻게 브랜딩했느냐에 따라 나의 가치는 단순히 효율성이라는 간단한 잣대로 평가받을 수 없다. 한 회사의 서비스 가치를 평가할 때 단순한 몇 가지로 판단할 수 없다. 그 회사의 문화가 그 서비스 안에 다 녹아 있는 것이다. 문화를 형성하는 수많은 요소가 있다. 그 요소들이 결합하여 하나의 이미지를 만든다.

이런 복합적인 요소들을 결합하여 다른 사람들이 호감을 느끼는 존재가 되어야 한다. 호감보다 더 깊은 단계가 매력이다. 바로 끌리는 힘이다.

매력이 있을 때 그 사람의 말이 진정한 신뢰를 줄 수 있다.

『하버드 협상 강의』에서도 이 매력의 중요성을 말하고 있다. 하버드의 협상학에서 이 매력이라는 단어가 자주 등장한다. 작은 행동 하나에서 드러나는 그 사람의 매력이 일상생활, 일, 학업, 나아가 인생 전반의 발전과 성공에까지 영향을 미친다.

매력은 어떻게 얻을 수 있는 것인가?

남과 다른 품격을 갖추어야 한다. 품격이 있는 사람은 그 인품에서 흘러나오는 향기가 있다. 상대방을 배려할 뿐 아니라 사사로운 이익을 먼저 추구하려고 하지 않는다. 상대에 대한 배려를 가지고 있으며 같은 입장에서 일들을 처리하려고 한다.

솔직하고, 자신의 일들을 깔끔하게 처리하며 정직한 모습을 가지고 있다. 너무 공격적이지 않으면서도 여유를 가지고 있다. 사업을 하면서 이런 사람을 찾아볼 수 있느냐는 질문을 하지만, 실력을 갖추고 있으면서도 인간적인 면모를 갖춘 사람은 얼마든지 찾아볼 수 있다.

지금은 중국의 위상이 많이 높아져서 먼저 한국을 무시하는 태도나 말을 하는 사람들이 많이 있지만, 한국이 가지고 있는 저력과 장점을 먼저 이야기하고 칭찬부터 하는 사람들도 많이 있다.

▪ 브랜딩 파워

처음 중국 시장이 열렸을 때 무엇이든 가져다 팔면 잘 팔리는 시기가 있었다. 그때 중국은 낙후되었고, 한국의 공산품과 화장품의 품질은 좋았다. 한국에서 생산된 드라마 콘텐츠는 딱딱한 중국 사극과는 비교할 수 없을 재미있었다.

성장기의 시장은 만들어 내면 팔리는 그런 시대이다. 수요를 예측하고 생산력을 확장하는 것이 사업의 성공 여부가 되었다.

하지만 이미 성숙한 사회로 진입한 중국에서는 거의 모든 것들을 바로 복제할 수 있는 실력을 갖추었다. 세계의 공장으로 수많은 선진 기업의 제품들을 만들어 내면서 생긴 노하우는 이제 비슷한 제품들로 넘쳐난다.

한국의 새로운 기능을 가진 제품을 선전하면 제일 먼저 나오는 반응은 그런 비슷한 제품은 우리에게도 있다는 것이다. 왜 그렇게 복잡한 무역과 비싼 관세를 지급하면서 수입해야 하는가 하는 질문이었다.

중국의 수입 업체에서도 가격 경쟁을 위해서 중간상을 거쳐서 한국에 가서 공장과 협상하여 공장 출고가로 직접 받는 전략을 추구하고 있다.

이런 환경에서 시장을 진입하기 위해서는 브랜드 파워를 키워 나가는 방법밖에 없다. 브랜드 파워는 바로 신뢰도를 말한다. 왜 그렇게 많은 사람이 브랜드를 찾는가? 브랜드는 지속해서 자신만의 가치를 추구하고, 소비자는 그 가치를 구매하는 것이다.

다른 사람과 차별된 브랜딩을 한다는 것은 무엇을 의미할까? 사람들은 브랜딩을 어렵게 생각한다. 브랜딩은 바로 나다움을 찾아가는 것이다. 나다움이란 근본적인 질문에서 시작한다.

"나는 누구인가, 나는 어떻게 살아왔는가? 나는 무엇을 위해서 이 제품을 만들었는가? 이 제품에는 나의 무엇이 들어가 있는가?"

영혼 없는 제품은 공산품에 불과하다. 이러한 제품은 이미 중국에 넘쳐나고 있다. 나의 제품에 철학적 가치를 심어 주어야 한다. 바로 나 자신이 바로 브랜드가 되어야 한다. 제품에 나의 가치관과 나의 스토리가 들어 있어야 한다. 브랜딩하는 작업은 시간이 많이 걸릴 수 있다. 하지만 SNS의 발달과 자유롭게 올릴 수 있는 영상이 있기 때문에 내가 누구인지를 제대로 알고 그것을 호소한다면 어느 순간에 사람들의 관심을 받게 될 때가 올 것이다.

아직 중국인들에게 생소한 브랜드인 나의 제품을 팔기 전에 먼저 나를 팔아야 한다. 그 사람들에게 나의 스토리가 신뢰를 줄 수 있어야 한다.

한국 시장을 완전히 장악한 회사가 아니라면 중국에서 브랜딩 작업을 다시 하는 것이다.

특별히 B2C 시장을 공략하는 것이 아니라면 고객과 꾸준히 쌓아가는 관계 속에서 우리의 신뢰를 구축해 나갈 수 있다.

■ 스토리텔링

"당신을 존중합니다. 우리는 물건을 팔기 위해서 여기에 온 것이 아닙니다. 우리는 책을 선물하기 위해 여기에 왔습니다."

한국 청취닷컴의 본부장이 중국에서 와서 고객들과 만나서면서 했던 고정 멘트가 있다.

"저희는 책을 선물하는 사람입니다."

누구를 만나든지 이 말을 지속적으로 사용했다.

그리고 중국이 영어 교육에 직면한 여러 가지 문제점들을 나열하고 "우리는 이러한 어려움을 해결하기 위해 이렇게 도울 수 있기를 원한다."라는 고백을 했다.

새롭고 검증되지 않은 서비스를 마치 말만으로 아름다운 그림을 묘사하듯이 설명하면서 사람을 끌어들이는 것이 본부장의 특기였다.

이런 스토리는 실은 많은 업체와 협상하면서 지적해 온 문제들을 하나씩 해결해 나가면서 쌓아온 결정체였다. 고객의 삶에 직면한 문제들을 적극적으로 해결해 나가고 그것을 바탕으로 신뢰를 쌓아가면서 좋은 스토리텔링으로 만들어졌던 것이다.

나는 오랫동안 공을 들여왔던 고객과의 협상이 마지막에 결렬이 되는 과정을 여러 차례 경험했었다. 그때마다 많이 힘들었다. 브랜딩이란 시간이 필요한 작업이다. 하지만 실제 경영을 하면서 해결해야 할 많은 경제적인 어려움을 직면하다 보면 조급한 마음이 없지 않다. 그래서 협상 실패라는 최종적인 결론 앞에서 아파하며 다시 분석하고 어떻게 하면 다음번에는 이런 실수를 하지 않을 것인가? 어떻게 개선할 것인가? 질문하면서 답을 찾아갔다. 이런 절박함과 조급함이 쌓여가며 사람에게 감동을 주는 스토리가 완성되어 갔다.

새로운 서비스와 상품이 사람들의 마음속에 파고들게 하기는 쉽지 않다. 하지만 스토리는 사람들에게 효과적으로 어필하는 데 매우 중요하다. 우리가 상대해야 할 경영자들은 숫자와 팩트에 초점을 맞추기가 쉽다. 숫자에 강한 중국인들에게 제대로 된 스토리만 있다면 그들의 관심을 집중시킬 수 있다. 왜냐하면, 사람들은 논리보다 스토리에 더 마음이 움직이기 때문이다.

스토리를 통해서 상대 회사가 관심을 갖고 있는 '어떻게 고객을 위한 가치를 만들어 내고 그것을 통해서 이익을 얻을 것인가?'를 호소할 수 있어야 한다. 그래서 스토리텔링은 고객의 문제에서부터 시작해야 한다.

스토리텔링의 구성 요소
1) 고객의 문제(갈등 구조)
2) 주인공: 고객 혹은 회사 내부 인원
3) 갈등 해소: 해결책과 개선
4) 극적 요소 + 감정
5) 우리의 노력

2

오랜 친구는 시간이 필요하다

▪️ 비즈니스는 관계다

중국에서 사업을 하다 보면 되는 일도 안 되는 일도 없다는 이야기를 한다. 일 처리에 있어서 철저함을 추구하는 중국 사람들이 기질상 따지기 시작하다 보면 되는 일도 되지 않은 경우가 많이 발생한다.

먼저 관계를 만들어 가야 한다. 상대가 나에게 호감을 갖기 위해서는 마음을 얻는 훈련을 해야 하는데 이것이 쉽게 되지는 않는다.

산둥성 상회와 관계를 맺으면서 알고 지내온 지인이 있다. 그는 오랜 시간을 들여서 관계에 많은 투자를 했다. 상대방이 필요한 것들을 미리 알아내고 도와주었는데 그중에서 감동인 것은 핵심 관계자의 가족을 챙겨 주는 것이었다. 자녀가 한국에서 유학하고 싶다는 이야기를 들으면 직접 학교를 컨택하고 한국에서 살 수 있는 기반을 마련해 주었다. 이런 헌신적인 관계로 말미암아 실질적으로 한중 간의 협력에 많은 공헌을 했다.

　나는 개인적인 기질상 관계를 구축하기보다는 사무적으로 일들을 처리하려고 할 때가 많이 있었다. 어떤 접근을 하느냐에 따라서 상대방 말의 색깔도 달라지게 된다. 비즈니스를 이야기할 때는 철저하게 준비해서 깔끔하게 일을 처리하지만, 그 이외의 시간에는 친밀감을 형성하는데 더 많은 투자를 해야 한다.

■ 어떻게 친구를 만들 것인가?

　결과가 아름다운 협상을 위해서 객관적인 데이터를 가지고 접근해야 하지만, 객관적인 사실 외에도 중요한 요소가 있다. 그것은 바로 호감이다. 상대방이 나에 대해 호감을 가질 때 조금 부족한 부분은 상대방이 알아서 감당하고 가는 경우가 많다.

　그래서 중국에서 사업을 하기 위해서는 그들의 친구가 되어야 한다고 한다. 어떻게 그들의 친구가 될 수 있는가?

　무엇보다 중요한 것은 진정성이다. 신의를 지킨다는 표현을 하는데 단순한 상업상의 관계뿐 아니라 파트너에 대한 진심 어린 관심과 지지가 필요하다.

　진정성이 증명이 되면 자신이 할 수 없는 것은 다른 사람을 소개함으로써 일들이 이루어지게 한다.

　진정성을 보여줄 수 있는 방법은 여러 가지가 있다. 상대방을 존중하고 시간을 투자하여 관계를 이어가겠다는 의지도 있어야 한다. 시간은 많은 것들을 이야기한다. 그리고 그 사람 자체로 좋아야 한다. 내가 목적하는 바가 이루어지지 않는다 할지라도 그 사람 자체에 관심을 가지고 그 사람에게 필요한 것들을 제공해 주어야 한다. 그냥 제공만 해주면 안 된다. 주고받는 관계가 되어야 한다. 상대에게 자신의 것을 내놓을 수 있도록 기회를 제공해 주어야 한다.

우리가 살던 집이 칭화대 근처였다. 그때 칭화대 미대 친구들을 몇 명 사귀게 되었는데 지금 유명한 핸드폰 제작회사의 디자이너가 되어 있고, 대형 입시 미술학원을 하는 친구들도 있다. 중국인은 표면적인 관계에서는 잘한다. 그러나 어렸을 때부터 기숙사 생활을 했던 습관이 있어서 그런지 조금만 관계가 깊어지면 의외로 차가운 부분들이 있다. 진정한 친구는 처음 몇 번의 만남, 즉 호감 단계를 걸쳐 이제 새로울 것이 없는 냉랭한 관계를 지나 깊은 우정의 단계로 들어간다.

그 친구들과 자주 만나고 기숙사에 찾아가 같이 지내는 횟수가 많아지면서 관계도 깊어져 갔다. 자신들의 인생 과정 중에 도움이 꼭 필요할 때 함께하며 어려운 이야기를 들어 주고 때론 그들의 시골집에 놀러 가서 정을 쌓아 갔다.

큰아들이 인생의 방향성을 찾지 못했을 때 대형 미술 입시학원을 하던 중국 친구에게 데려가 미술을 가르쳐 주었다. 그것이 인연이 되어 아들은 패션 디자이너의 꿈을 갖고 열심히 자신의 길을 가고 있다.

일방적인 관계는 깊은 관계로 가지 못한다. 서로가 여러 가지 이야기들이 오고 가는 중에 부딪힘이 있어야 한다. 의견이 맞지 않았을 때는 싸우기도 해야 하고, 논쟁도 해야 한다. 약속대로 지켜지지 않았을 때는 화를 내고, 우리가 약속을 지키지 못한 것에 대해서는 정중하게 사과하고 용서를 구해야 한다. 관계를 발전시켜 나가기 위해서는 작은 일이라도 협업하는 프로젝트를 추진하는 것도 좋다.

우리의 파트너들과 만남 중에 이런저런 갈등이 많이 있었다. 하지만 끊임없이 그들에게 주었던 신호는 '너희에게 있어서 우리와의 만남은 축복'이라는 신호였다. 그들에게 무엇이 최고의 이익이 될 것인가를 그들의 입장에서 고민하고 그것에 대한 도움을 주고자 했을 때 그런 마음은 꼭 전달된다.

실망하는 일들이 있어도 서로에게 길들여지면 그 관계는 깊어진다.

『어린 왕자』에 나오는 고백처럼 서로에게 길들여지는 시간이 없이 그냥 친구라는 이름만으로 진정한 친구가 될 수 없는 것이다.

"너는 내게 수많은 꼬마 중 한 명에 지나지 않아.
나 또한 너에게 수많은 여우 중 한 마리일 뿐이지.

그러니까 나한테는 네가 꼭 필요하지 않아.

물론 너도 마찬가지로 내가 필요하지 않을 거고.

왜냐하면, 너한테 나는 수많은 여우 중 한 마리일 뿐이니까.

하지만 네가 나를 길들인다면 우리는 서로 필요해지는 거야.

너는 내게 이 세상에서 단 한 사람이 되는 거고,

나는 너에게 둘도 없는 여우가 되는 거지.”

◾ 약한 고리의 힘

‘약한 고리의 강한 힘’이란 이론이 있다. 사회학자 마크 그래노비터(Mark Granovetter)는 1973년 한 사회학저널(American journal of sociology)에 「약한 고리의 강한 힘(strength of weak ties)」이라는 논문을 발표했다. 이 논문은 약한 고리, 즉 가끔 만나는 가벼운 인맥이 큰 힘을 발휘한다는 내용의 연구이다.

데이비드 비커스는 자신의 저서 『친구의 친구』에서 이것을 약한 유대의 힘이라고 표현하고 있다.

연구 결과에 따르면, 만약 ‘당신의 친구’가 비만해질 경우 앞으로 2~4년간 당신의 체중이 늘어날 가능성이 45% 높아진다고 한다. ‘당신의 친구의 친구의 친구’가 비만해질 경우 당신의 체중이 증가할 확률은 우연히 체중이 늘어날 확률보다 여전히 10% 더 높다. 흡연율에 대해서도 유사한 결과를 얻었다. ‘당신의 친구’가 흡연자인 경우 당신이 흡연자일 가능성은 61% 더 높고, ‘당신의 친구의 친구의 친구'가 흡연자일 때는 당신이 흡연자일 가능성은 11% 더 높다. 영향을 받는 것은 물리적 건강만이 아니라, 기분과 정신 건강에도 적용된다. 행복한 사람에게 연결되어 있을 경우 자신이 행복해질 확률은 15%가량 더 높았고, 친구의 친구인 경우에는 행복해질 확률이 6% 더 높았다.

우리는 누구나 친구, 가족, 동료 및 기타 여러 방식으로 구성된 커다란 사회 연결망 속에 포함되어 있다.

실제로 취업에서는 이른바 '강한 고리'의 인맥이 아니라 '약한 고리' 인맥이 영향력을 발휘한다. 강한 고리는 이미 활용할 수 있는 자원을 거의 다 활용했다. 실질적으로 도움을 받을 수 있는 것들은 도움을 받았다는 것이다.

하지만 사석에서 만나 명함을 주고받은 사이, 간간이 인사 정도만 하는 이웃 등의 소개로 채용이 되는 경우가 많다는 것이다.

강한 고리의 인맥이 추천한 사람의 경우 채용 담당자는 추천의 객관성을 의심하게 된다. 우리 회사 직원이 자신의 동생을 추천했다면 일단 참작을 하고 심사 대상에는 올릴 것이다. 그러나 동생에 대한 형의 평가는 도저히 객관적이라고 받아들일 수 없다. 그러나 약한 고리는 다르다. 회사 마케팅 담당자가 파티에서 만나 5분 동안 나눈 최신 마케팅 기법 관련 대화에서 좋은 인상을 받으면 아주 좋은 입사 후보자로 일단 평가된다. 친분이 낮은 수준이기 때문에 오히려 객관적 평가라는 인상을 주는 것이다.

모든 만남을 소중히 할 필요가 있다. 지금 당장 이 사람이 나에게 직접적인 이익은 되지 않는다고 할지라도 그 관계를 소중히 여겨야 한다. 중국 사람들은 바로 이런 부분에 있어서 모든 관계를 잘 활용할 수 있는 사람들이다.

특별히 처음에 만나면 명함을 주고받는다. 명함을 받고 나서는 그다음에 바로 감사의 문자를 보내고 상대방에게 자신을 인식시켜야 한다. 무언가 특별한 관계를 유지하기 위해서는 상대방이 나를 기억하게 하는 것이 중요하다. 박람회와 같은 가벼운 만남에서도 반드시 물어보아야 할 질문은 상대가 말하고 싶은 이야기를 하게 해야 한다.

"어떻게 이 제품을 만들었어요?"

"경쟁 제품들은 어떤 제품이 있죠? 그런데 이 제품이 그런 제품들과는 어떤 부분에서 차이가 있죠?"

이런 종류의 질문들을 하다 보면 그 분야에 대해서 많은 정보를 획득할 수 있다. 장기적으로 깊은 관계를 맺고자 하는 사람이 있다면 내가 이 사람들에게 어떤 유익을 줄 수 있을지 고민해 보아야 한다.

3

자기다움이라는
나만의 향기를 가지라

▪ 술 문화에 적응하라고?

중국에는 술 문화가 있다. 중국에는 "천하에 술이 없으면 연회가 되지 않는다."라는 속담도 있다. 중국에서 술은 한국만큼이나 사랑을 받아왔다. 이런 술 문화는 고대로부터 내려오는 접대 문화와 깊은 관련이 있다.

기독교인으로 나는 술을 하지 않는다. 하지만 가끔씩은 정부 고위 관계자와 식사를 할 때도 있고, 단체나 회사의 대표와 예의를 차려야 할 장소에 임할 때도 있다. 이러한 식사 접대에는 반드시 술이 따라온다. 그리고 술을 마시면서 서로에 대한 예의를 표하고 일에서 벗어나 개인적인 친분을 형성할 좋은 기회가 된다. 이런 상황 속에서 술을 먹지 않은 것은 많은 용기가 필요하다.

그런 자리에서 술을 거절할 때 했던 말이 있었다. 한국의 기독교인은 금주와 금연을 하고 있다는 것이다. 한국 교회가 이것을 결정한 이유는 일본의 침략을 당하면서 절망 가운데 있을 때 술로 현실을 회피하고 모든 것을 포기하고 살아가는 고국의 백성들에게 금주와 금연의 절제를 실천함으로써 나라를 다시 세우고자 했었다. 이것은 한국 교회의 나라 사랑과 계몽을 위해서 한국 교회의 전통이 되었다. 나는 이 전통에 따라 술을 먹지 않는다. 양해해 달라고 했다.

이렇게 이야기하면 강제로 술을 먹이겠다는 사람은 없었다. 도리어 한국인들의 나라 사랑과 나라가 위기에 닥쳤을 때 단합했던 이야기로 한국인들을 인정하는 분위기로 바뀌었다.

식사를 하는 자리에서는 많은 이야기가 나온다. 지금은 강력해진 국력으로 자기 비하 발언은 하지 않지만, 옛날에는 다른 나라와 비교해서 스스로를 비하하는 사람들도 있었다. 그럴 때면 중국이 얼마나 저력이 있는 나라인지를 인정하고 칭찬하는 말을 해주었다.

최대한 존중하며, 술을 마시지 못할 경우에는 다른 음료수로 예의를 차리고자 노력하였다. 상대가 가지고 있는 고유한 가치가 있다. 그리고 나는 나만의 고유한 가치가 있다. 그것인 단지 돈을 벌고 자기만 잘사는 것을 넘어서는 내면의 가치를 추구하고 있다면 그런 나다움이 더 강력하게 자신의 존재를 드러내게 하는 힘이 될 수 있다.

서로가 양보하고 조절해 나가야 하는 것이 협상이다. 비굴해지면서 상대의 비위를 맞추어서 이루어지는 결과는 나를 진정으로 행복하게 할 수 없다고 생각한다. 때로는 이윤을 포기하면서도 내가 중요하다고 생각하는 가치를 지켜야 할 때도 있다. 찾다 보면 이런 가치를 인정하는 사람들을 반드시 만날 수 있다. 상호 존중하지 못하는 관계는 오래가지 못한다.

◼ 나만의 스타일 갖기

내 성격은 기본적으로 협상을 잘하는 유형이 아니다. 사람들과 함께하는 것을 좋아하지만 사람들에게 무엇을 설득하고 내가 원하는 것을 관철시킬 수 있는 담력은 가지지 못했다.

나는 남에게 좋은 사람으로 기억되기 원한다. 그래서 상대방이 거절할 수 있는 제안을 한다는 것에 대한 부담을 많이 가지고 있다. 그러나 협상이란 단호하게 거절도 할 수 있어야 하며, 상대방이 책임을 질 수 있도록 과감한 요구도 해야 한다. 상대방이 나와 협력을 위해서 마땅히 상응하는 상호 대가를 치러야 하지만, 상대방에게 구매 약속이나 이에 따른 비용 지급 부담을 주는 것에 대해 미안한 마음 때문에 거절당하는 것이 나에게는 너무나 힘들었다.

아마도 이것은 나의 어린 시절 성장 배경과 관계가 있다. 나의 조부모는 한국 전쟁 당시 많은 땅을 소유한 지주라는 이유 때문에 처형되었다. 고아가 된 아버지는 남의 밑에서 자라야 했고, 그 과정 중에 많은 좌절감과 존재가 부정되는 상황을 경험했다. 그렇게 형성된 열등감이 나의 성장 과정에 많은 영향을 미쳤고, 사람은 좋

3장. 가치를 높여라: 품격과 실력

아하지만, 싫은 소리를 하지 못하는 사람으로 자라났다.

정에 약한 나에게 협상은 적합하지 않을 수 있다. 하지만 누구에게나 약점이 있으면 강점이 있다. 다른 사람들이 사용했을 때에는 통했던 협상의 스킬과 방식이 나에게 그대로 적용될 수 없는 것이다. 나에게 맞지 않은 옷을 어느 기간 동안에 입고 다닐 수는 있겠지만, 오랫동안 입을 수는 없는 것이다. 협상에 관해서 많은 연구도 하고 책도 읽어 보았지만, 나에게 맞지 않은 방식으로는 오래가지 못한다.

협상을 하기 전에 먼저 물어야 할 근본적인 질문이 있다.

"나는 누구인가?"

"나는 무엇을 잘할 수 있으며, 나는 무엇을 잘하지 못하는가?"

"나는 무엇 때문에 협상을 하려고 하는가?"

자신이 누구인지 발견하게 되면 내가 가장 잘할 수 있는 것을 선택해서 그것을 실행하면 된다. 나에게 있어서 최대의 장점은 바로 진정성이다. 사람을 중요하게 생각하고 그 사람을 진정으로 돕고자 하는 마음이 나에게는 있다. 인정에 약해서 과감성이 떨어질 수 있지만, 사람에 대한 따뜻한 배려와 관심이 다른 어떤 협상 기술보다 강력한 호소력을 가질 수 있다고 생각한다.

특히 초창기 우리의 브랜드 가치가 형성되지 않았을 때 나와 같은 협상 스타일은 매우 효과적이다. 나는 먼저 관계 형성에 많은 에너지를 쏟는다. 그 사람과 관계된 상황들을 많이 묻고 관심을 갖는다. 그 회사뿐 아니라 개인적으로 직면한 문제들에 대해서도 관심을 갖고, 회사의 대표인 경우 회사 경영에 있어서 힘든 부분들을 공감해 주려고 노력했다.

실질적인 아이템에 대한 협력 외에 내가 도울 수 있는 부분들을 기꺼이 돕기 원하고 내가 생각할 수 있는 솔루션을 제공해 주기도 한다. 시간이 약간 오래 걸리지만, 이것은 바로 나의 방식이다. 나다움에서 나오는 내가 잘할 수 있는 영역이다. 초기의 지역 총판들은 바로 이런 과정을 통해서 계약을 하게 되었다.

■ 나다움을 어떻게 발견할 것인가?

자신의 강점을 어떻게 발견할 수 있을까?

가장 쉽게 할 수 있는 방법은 바로 자신의 부모를 살펴보는 것이다. 부모가 변호사이고 그런 환경 가운데 자랐다면 그쪽으로 재능이 발달할 가능성이 많다. 나의 현재의 강점은 부모님의 영향이 확실히 컸다. 자세히 자신의 부모가 누구였고, 그들은 무엇을 좋아했고, 무엇을 잘했는지 잘 연구해 보면 알게 모르게 많은 영향을 받고 있었다는 것을 알 수 있다.

그 외에도 성장 과정 중에 자랑할 만한 성과를 냈었던 경험들을 되돌아보면, 그 성과가 나오기 위해서 어떤 행위들이 있었는지 살펴보면 자신이 좋아하는 것과 강점들을 찾아볼 수 있다.

이런 과정 등을 통해서 나다움을 찾아가기 위해서는 질문을 해야 한다. 그것도 제대로 된 질문을 해야 한다. 좋은 질문은 문제 해

　　　　　　　　　　　　　3장. 가치를 높여라: 품격과 실력

결에 도움이 된다. 영화 「올드 보이」를 보면 다음과 같은 명대사가 나온다. "당신의 진짜 실수는 대답을 못 찾은 게 아니야. 자꾸 틀린 질문만 하니까 맞는 대답이 나올 리가 없잖아. '왜 이유진은 오대수를 가뒀을까?'가 아니라 '왜 풀어줬을까?'란 말이야."

제대로 된 질문은 나다움을 찾는 과정에도 필요하다.

'나는 누구인가?', '나다움은 무엇인가?' 같은 질문은 매우 중요하지만, 쉽게 찾기 힘든 질문이다.

이런 질문들을 품고 살아야 하지만, 보다 간단한 질문을 던질 수 있다.

'오늘 무엇을 하고 싶은가?', '왜 그것을 하고 싶을까?'

'지금 감정은 어떤가?', ' 왜 이런 감정을 가지고 있지?'

'지금 이 순간 무엇을 원하는가?'

'왜 나는 그것을 원하지?'

이와 같은 실용적인 질문들을 해나가야 한다.

독서 모임에 함께 참여하는 선배로부터 매일 'Why 일기'를 써보라는 제안을 받았다. 그때부터 why 일기를 썼다. 하루에 다섯 문장씩 why 질문으로 자신과 대화를 시작했다. 나를 알아가는 데 매우 큰 도움이 되었다. 내가 왜 거절을 그렇게 두려워하는지 알게 되었다. 자신을 알게 되니 그 문제에 직면할 수 있었다.

바르게 질문해야 바른 답이 나온다. 바르게 질문하기 위해서 누군가의 질문에 답하는 삶을 살기보다는 내 안에 올라오는 질문들에 답을 해야 한다.

나다움은 느낌대로 자신이 잘하는 방식으로 행동하는 것이다. 원하는 느낌을 물어보고, 원하는 행동을 물어본다. 그리고 나의 행동과 결과에서 의미를 발견하고 해석하는 것이 나다운 삶이다.

기업가 정신을 강의하는 팀 페리스(Tim Ferriss)는 최고의 자리에 오른 사람들을 인터뷰하고 그들의 성공 요인 61가지의 비밀을 그의 저서 『타이탄의 도구들』에 기록하였다.

타이탄들은 아침에 잠자리를 정리하고, 명상을 하고, 차를 마시고 아침 일기를 쓴다. 그중에서 아침 명상에 쓰는 시간이 가장 많다. 그들은 과연 무엇을 명상할까? 자신이 누구이며 무엇을 잘할 수 있으며 무엇에 집중해야 하는지에 대해 명상할 것이다. 명상이란 기본적으로 성찰이 들어간다.

자기다움에 집중할 때 최상의 결과를 얻어낼 수 있다.

4

문화는 파워다

■ 보이차 가격은 누가 정하는가?

오랫동안 보이차 사업을 해온 지인의 보이차 특강이 있었다.

보이차는 중국의 10대 명차이고 발효된 차로 건강에 좋다고 알려져 한국 사람들이 즐겨 찾는 차 중의 하나이다. 중국 윈난성 지역에서 티베트에 이르기까지 차마고도 지역의 소수민족들이 예부터 오랫동안 마셔오던 차의 일종이며, 청나라 때 황실 진상품인 공차로 선정되면서 황제가 마시는 차로 널리 알려졌다.

일반인들이 보이차를 구별하는 것은 쉽지 않다. 오래된 발효 냄새가 나는 것이 비싼 것이라고 해서 한때 베이징에서는 일부러 곰팡이가 잘 자랄 수 있는 환경에 보이차를 놓고 오랜된 것처럼 비싸게 팔던 시절이 있었다고도 한다.

그 특강 중에 나온 질문이 "보이차 가격은 누가 정할까요?"였다.

보이차는 농산물이다. 우리가 먹는 농산물은 일반적으로 비싸지 않다. 더욱이 농산물 생산에 투자되는 비용이란 토지와 인건비에 불과하다. 보이차가 생산되는 곳이 외딴 산지다 보니 토지 비용은 그렇게 많이 들지 않는다.

또한, 보이차는 기호식품이다. 기호식품은 농산물보다는 더 비싸다. 우리가 주로 찾는 커피나 포도주 등 기호식품은 일반 농산품에 비해서 더 비싸다. 하지만 보이차가 비싼 것은 1억 원 이상 간다는 것을 생각하면 이것은 단순히 기호식품 이상인 것이다.

그렇다면 누가 보이차의 가격을 정하는가? 판매상이 정한다고 한다. 가격을 높이는 방법은 바로 문화적 가치이다. 여기에 역사, 배경, 스토리가 덧입혀져 문화 상품이 되면 기호품 이상의 비용을 받을 수 있다는 것이다.

그리고 자신의 상점을 찾는 단골손님들은 문화적 수양이 높다는 것이다. 그들의 평균 월급과 버는 돈은 같은 직업군에 비해 더 많은 돈을 벌고 그 그룹에서 리더인 경우가 많다고 했다.

중국의 대표적인 보이차 회사는 대익보이차(大益普洱茶)이다. 이 회사의 베이징 지사장과 미팅 때 대익보이차의 기업 문화에 대해 이야기를 나누었다. 자신이 적자생존 사회에서 적응하며 성과주의에 쫓겨 다니다가 베이징에 부임한 후 너무 빠르게 가지 말고 천천히 문화를 누리라는 말로 자신의 스텝을 조절했다고 한다. 대익보이차의 가장 중요한 키워드는 차 문화(茶文化)이다. 상품이 아닌 바로 문화를 파는 것이라고 한다. 지금도 기업의 CEO를 위한 차

3장. 가치를 높여라: 품격과 실력

문화 행사와 전문 중국식 다도(茶道)를 높은 수준으로 가르치고 있다.

중국의 보이차 다도 문화를 개발하고 그것을 전파하는데 선구적인 역할을 하고 있다.

제품에 문화적 가치를 부여함으로써 대익보이차는 엄청난 성장을 이루었고, 중국 제일의 보이차 기업으로 성장하였다. 바로 문화적 가치는 상품을 뛰어넘는 강력한 호소력을 가지게 된다.

▪ 중국의 인문 고전 열풍

처음 중국에 도착했을 때 중국은 많이 낙후되어 있었고, 맥도널드와 KFC는 고급 식당으로 인정받고 있었다. 서양의 문화와 영어는 많은 중국 사람에게 선망의 대상이었다. 하지만 중국이 발전을 하면서 중국몽(中国梦. China Dream)과 함께 점점 자신의 것을 되찾아가고 있다.

짧은 시간 안에 경제적 발전을 이루었던 중국은 제조업만으로 세계를 주도할 수 없다는 것을 인식했다. 엄청나게 성장한 하드 파워에 비해 약한 소프트 파워를 강화하기 위해 중국은 전통적 가치를 중시하게 되었다.

이것은 정책적으로 2003년 당시 후진타오(胡锦涛) 주석이 유교를 국가 통치 이념으로 내세웠고, 2013년에 등장한 시진핑(习近平) 주석은 유교를 비롯한 중국 전통의 고전을 정치뿐만 아니라 일반 교육 현장에까지 널리 보급하려는 정책을 적극 펼치고 있다.

중국은 아편전쟁 이후 서구 열강들의 침탈로 말미암아 중국의 전통 사상을 부정하는 계기가 되었다. 21세기에 들어서 사회주의 중국이 이념적으로 변신을 모색하고 있다고 할 수 있다.

이런 흐름은 비즈니스 CEO 교육, 어린아이들의 교과과목 편성뿐 아니라 사교육에도 열풍이 불고 있다. 학교마다 고전 글쓰기 연습을 할 수 있는 서예 교실이 따로 만들어지고 있으며, 초등학교도 들어가기 전에 유치원 때부터 고시(古詩)를 외우고 있다.

이런 열풍이 삶의 모든 영역에서 실제적인 영향력을 행사하는 것이 앞으로 중요한 과제이며 학습열이 내재화된 가치관으로 자리 잡기 위해서는 앞으로도 많은 시간이 필요할 것이다. 하지만 이런 고전 인문학의 접근은 중국 사회에 상당히 긍정적인 영향을 미칠 것이다.

중국 고전 대학은 수신제가 치국평천하(修身齊家 治國平天下)에 대해 다음과 같이 설명한다.

만물에는 근본과 말단이 있고, 모든 일에는 시작과 끝이 있으니, 선후를 알면 도에 가깝다.

자고로 밝은 덕을 천하에 밝히고자 하는 자는 먼저 그 나라를 잘 다스려야 하고,

그 나라를 잘 다스리고자 하는 자는 먼저 그 집안을 잘 다스려야 하고,

그 집안을 잘 다스리고자 하는 자는 먼저 자기 자신의 수양을 해야 하고,

자기 자신을 수양하고자 하는 자는 먼저 그 마음을 바로 해야 하고,

그 마음을 바로 하고자 하는 자는 먼저 그 뜻을 성실히 해야 하고,

그 뜻을 성실히 하고자 하는 자는 먼저 그 지식에 힘써야 하고,

지식에 힘쓰고자 하는 것은 만물의 이치를 철저히 연구함에 있다.

나는 주위에서 시대를 앞서가면서 뚜렷한 가치를 추구하는 경영인들을 자주 만나게 된다. 『대학』에 나오는 말처럼 자신을 다스리고 수양하며 조급함보다는 도덕적 탁월함을 추구함으로써 공자의 인(仁)의 정신을 실천하려고 한다.

이런 고전 인문학에 대한 열풍이 어떤 식으로 열매를 맺을지는 모르지만, 중국이 세계의 공장으로서 제조업 중심의 산업 시스템으로는 더 이상 안 된다는 진단이 있었음을 알 수 있는 부분이다.

◼ 중국인을 감동시킨 인문학적 소양

장사꾼을 이기기 위해서는 장사꾼의 논리로 접근하면 안 된다. 게임의 룰을 바꾸는 논리가 존재해야 한다. 물건과 서비스를 팔기 위해 모두가 경쟁하는 시대에 사람을 설득하기 위해서는 물건을 뛰어넘는 가치를 전달할 수 있어야 한다.

중국 사람들은 탁월한 사업가들이다. 그들은 논리로 무장을 하고 있으면 어떻게든 원가를 절감시키기 위해 노력한다. 이런 시장에 스타벅스가 안착하였다. 베이징 시내에 사람들이 붐비는 상가에는 스타벅스가 있다. 전통적으로 차 문화에 익숙한 중국 시장에서 커피로 승부를 건다는 것은 싶지 않은 도전이었다. 가격도 결코 저렴하지 않는 곳에 청년들과 젊은 비즈니스맨들은 이곳에서 비즈니스를 이야기하고 연인들은 이곳에서 사랑을 나눈다.

중국 화이트칼라들의 문화를 바꾸어 놓았다. 처음에는 왜 이렇게 젊은이들이 스타벅스에 열광하는지 알지 못했다.

하지만 스타벅스의 창립자 하워드 슐츠가 직접 저술한 『원 워드 (One Word)』를 읽으면서 마침내 이해할 수 있었다.

2008년 금융위기를 겪기 전 스타벅스는 이미 여러 곳에서 침체를 경험하고 있었다. 잠재되어 있던 문제들이 드러나기 시작했다. 외부에서 위기가 아니라 내부에서의 위기가 가시화되고 있을 때 하워드 슐츠는 다시 CEO에 복귀하면서 "이제 서비스라는 단어를 버려라!"라고 강조했다.

그는 서비스를 뛰어넘는 관계를 강조하면서 스타벅스의 영혼을 되찾고자 했다.

그때 내부적인 문제뿐 아니라 외부적으로 여러 가지 도전이 있었다. 맥도날드는 맥커피를 출시하며 대대적으로 고가인 스타벅스를 공격했다. 금융위기까지 겹치며 600개가 넘는 미국 내 점포를 정리해야 했다. 이때 스타벅스가 집중해서 회복하고 했던 것은 단순한 매출 증가를 위한 외적 시도가 아니었다. 서비스를 뛰어넘는 커피로 세상을 변화시키겠다는 열정과 핵심 가치를 회복하는 것이었다. 그것은 커피와 서비스를 뛰어넘는 고객과의 연결이었다.

이런 스타벅스의 영혼이 있는 서비스에 중국의 젊은이들은 열광을 보내고 있고, 중국에서 성공적인 정착을 이루었다.

스타벅스가 한창 성장하고 있을 때 루이싱 커피(瑞幸咖啡)라는 중국 토종 커피 브랜드가 등장하였다. 중국판 스타벅스를 추구하며 스타벅스를 벤치마킹했을 뿐 아니라 스타벅스와 똑같은 경험을 선물하고도 30% 저렴한 가격으로 홍보해 고객을 끌었다. 스타벅스와 비슷한 맛을 내기 위해 스타벅스 바리스타들을 연봉의 3배를 주고 대거 스카우트했다. 중국의 현실에 맞게 배송 서비스도 차별화를 두기 시작했다. 그렇게 해서 20년 동안 중국에서 꾸준히 성장했던 스타벅스의 매장 수를 3년 안에 앞지르겠다고 선언했다. 영업 첫해에 중국에 2,000개의 매장을 열었고 그다음해에 3,000개의 매장을 열었다. 이렇게 성장하며 나스닥에 주식 상장을 했지만 최근 분식회계로 인해 미국에서 집단 소송 문제로 나아가게 되었다.

빠른 성장이 아닌 지속적인 성장이 있기 위해서는 영혼을 담은 서비스를 제공해야 한다. 중국에서도 장사를 하기 위해서 협상에 나아가면 깨어지기 쉽다. 그것을 뛰어넘는 연대와 더 탁월한 가치를 추구해야 한다. 이런 물질주의적 가치를 뛰어넘는 것은 바로 인문학이다. 중국의 인문학적인 소질을 가지고 있으면 협상에 많은 도움이 된다.

5

전문가의 손길을 느끼게 하라

▪ 중국통

중국 사람이 중국에 관한 모든 것들을 알 수 없다. 일반인에게 있어서 전문적인 영역을 모두 알 것이라고 기대하는 것은 어렵다.

중국의 일반인은 자신의 경험한 세계에서는 나보다 많은 것을 알고 있겠지만, 지속적으로 배워 나가는 사람에게는 당하지 못한다.

배움은 두 가지 영역에서 이루어진다. 현장에서 직접 경험을 하든지, 책이나 다른 사람의 경험에서 배우는 간접 경험이 있다.

초창기 협상을 하면서 우리의 요구 조건을 이야기했을 때, 우리에게 중국 시장의 현황과 관행도 모른다고 구박하면서 자신들의 말도 안 되는 조건을 제시하는 것을 보면서 결심한 것이 있었다. 모른 것들은 철저하게 조사하고 배운다는 것이다.

'이곳에도 비슷한 제품이 있다고 하면 구체적으로 그 제품을 알러 달라고 하고 철저하게 리서치했다. 인터넷에서 조사하고, 사람들에게 물어보고, 직접 전화해서 필요한 정보들을 수집했다. 그리고 비교하여 우리의 장점이 무엇인지를 하나씩 재정리하기 시작했다. 두 번 다시 똑같은 문제로 말 못 하고 물러서는 일은 없을 것이라고 스스로 다짐했다. 자연스럽게 모르는 문제가 나오면 더 자세히 물어보게 되었다.

이렇게 모르는 것을 묻고 또 묻고 상대의 전문성을 칭찬하면서 경청해 줄 때 기쁘게 자신이 알고 있는 것들을 공유해 주었다.

나는 이런 전문가와의 만남을 소중히 여긴다. 마음을 다해 그들의 이야기를 들어주면 그들은 신이 나서 이야기를 했다. 심지어는 정치적으로 민감한 이야기까지 서슴없이 이야기를 했다. 그들이 삶의 현장에서 그런 전문성을 얻기까지 수고하고 그들도 수많은 실패 가운데 배워 나갔을 것을 생각하면 그들이 그렇게 대단해 보일 수밖에 없었다.

이렇게 한 영역에서 많은 사람을 만나고 내 안에 조금씩 지식과 경험들이 쌓여가면서 이제는 중국 사람들이 나의 이야기에 귀를 기울이기 시작했다.

나를 보면서 중국 사람보다 더 중국을 잘 이해하고 있다고 누군가 칭찬했다. 진정한 중국통(中国通)이라는 이야기도 들었다. 하지만 내가 아는 것들은 대부분 그들에게 배운 것이다. 실제로 그들이 인정하는 것만큼 많은 것을 알고 있다고 생각하지 않는다. 현재 한국에는 중국 관련 폭넓은 전문 지식을 갖춘 사람이 많이 있다. 그러나 중국인들에게 이런 말을 들을 수 있었던 것은 겸손히 그들의 경험을 중요시해서 그렇지 않겠는가 싶다. 나에게는 감당하기 벅찬 칭찬이다.

결국 협상은 정보와의 전쟁이다. 더 많은 정보를 가진 사람, 더 많은 시간을 갖춘 사람이 유리한 조건에 서게 되어 있다. 겸손하게 배우지 않고는 결코 정보의 축적도 있을 수 없다. 중국은 실력 있는 사람에게 기꺼이 배울 자세를 가지고 있다. 그런 실력자들을 높이는 사회이다. 개혁개방을 하면서 실사구시(實事求是)를 추구하는 정신은 모든 영역에서 실질적으로 실력 있는 사람이 성장할 수밖에 없는 구조를 가지고 있다.

▍ 중국 교육 사업

내가 집중했던 교육 사업에 대해서 소개하고자 한다.

처음 중국의 B2S(Business to School) 시장에 접근할 때 외국인으로 생소한 영역이었다. 한국에서도 학교 교육 시장의 진입은 쉽지 않다. 완전히 다른 비즈니스 모델을 가지고 있다. 한국과 마찬가지로 중국의 학교는 비즈니스에 폐쇄적이다. 그동안 관행으로 있어 왔던 학교장 및 교사들과 업체와의 커미션 관계를 생각해 보면 이해가 가는 부분이다. 개인적으로 처음 비즈니스를 할 때 학교에 진입하기 위해서 수많은 시도를 했지만 실패했다.

중국 교육을 총괄하는 교육위원회에서는 학교 교사나 교장 선생님이 외부 업체에게 커미션을 받고 소개하는 것들을 금지하고 있다. 만약에 이것과 관련해서 민원이 들어오면 선생님과 그 학교는 바로 징계를 받아야 한다. 그전에 관행이었던 뒷거래는 거의 막혔다고 생각하면 된다.

우리의 솔루션은 학교에 적합했다. 몇 개의 업체들을 만나면서 공교육을 어떻게 접근할 수 있는지 그들의 이야기를 경청했다. 그들은 학교 비즈니스가 수많은 회사가 도전하는데 왜 안 되는지, 그렇다면 어떻게 해야 하는지, 자신들은 어떤 전략을 가지고 접근하는지 질문했다. 그리고 다른 업체에서 제시했던 전략은 어떤 것들이 있는지 가볍게 대화하며 정보를 파악했다.

하나하나의 이야기가 쌓이면서 종합적인 진단이 나왔다. 중국 교육 시장은 철저하게 중국 교육 정책과 같이 가야 한다는 것이었다.

중국은 5주년으로 교육 중점 과제를 설정하여 그것에 맞추어 교육 정책을 정하고 있다. 현재는 13차 5개년 계획 기간으로 교육 개혁이 진행되고 있다.

학교 시장을 선점하기 위해서는 이런 교육 정책을 잘 이해하고 있어야 한다. 이 정책을 뒷받침할 수 있는 프로젝트를 설정하여 자신의 제품을 자연스럽게 끼워 넣어 간접적인 홍보가 이루어지게 해야 한다.

3장. 가치를 높여라: 품격과 실력

만약에 학교와 함께 진행하는 프로젝트가 실질적인 효과가 증명되면 교육위원회의 중점 정책으로 확정될 수 있다. 이렇게 되면 학교 구매가 가능하게 된다.

이런 일련의 과정을 중국에서 제대로 알고 있는 업체들도 많지 않다. 오직 B2S 시장을 선점하고 있는 업체만이 진행할 수 있는 역량을 가지고 있다.

그래서 B2S 교육 사업은 파트너를 잘 만나야 한다. 이런 교육위원회와 관계를 맺고 있고, 프로젝트를 신청하고 그것을 운영할 수 있는 수준의 사람들과 파트너십을 맺게 된다면 확실한 방향성을 가지고 진행할 수 있다.

▪ 중국인과 협업했던 미술대회 프로젝트

인맥을 확장해 나가는 방법 중 한 가지는 여러 공익단체에 참여하는 것이다.

한국과 마찬가지로 중국도 많은 공익단체들이 있다. 여러 협회와 모임 등을 통해서 서로가 정보를 나누고 연합하며 그 안에서 커뮤니티를 통해서 자신들의 입지를 확장해 나간다. 그런 모임 중에 어떤 조직들은 겉으로는 드러나지 않지만 중앙 공산당의 지지를 받는 조직들이 있다.

이런 조직에 참여한다면 많은 유익을 얻을 수 있다. 상업적인 관계는 바로 Yes, No로 결론이 나는 관계이지만 이런 협회의 임원을 하면 관계되어 있는 많은 사람과 쉽게 접촉을 할 수 있을 뿐 아니라 하고자 하는 비즈니스에 좋은 인맥을 소개받을 수도 있다. 자신의 비즈니스가 협회와 관련이 있을 경우 협회 중점 사업으로 추진할 수 있다.

한때 나는 고명전 부총리가 참여하고 있었던 세계녹색무역촉진회의 이사로 활동한 적이 있었다. 내가 그들과 다르다는 것은 그들에게 없는 것을 줄 수도 있고, 그들이 할 수 없는 무엇인가를 할 수 있다는 것을 의미한다. 다름은 나를 더 특별하게 어필할 수 있는 길이다. 어떻게 자신을 보느냐에 따라 자신이 할 수 있는 일들을 더 많이 늘려 갈 수 있다. 그 협회를 통해서 많은 회사를 소개받을 수 있었다. 새로운 아이템을 가지고 중국에 접근하고자 하는 한국 회사들에 중국 회사를 연결해 주는 데도 많은 도움을 받을 수 있었다.

기존의 협회나 단체에 참여할 수도 있지만, 어떤 활동을 위해서 공동으로 새로운 조직을 구성할 수도 있다. 내가 알고 있었던 기존의 중국 관계들을 활용하여 제3회 한중자선미술대회를 주관하기 위한 조직위원회를 직접 구성하였다. 1, 2회에 500여 명 정도 참석한 대회를 기획했던 한국 미술 선생님과 함께 진행했다. 한국과 중국이 함께 진행하는 대회는 현재 그렇게 많지 않다. 한중 관계가 좋지 않은 상태에서 중국 정부에서 그런 외부 활동을 막고 있기 때문이다.

실제 대회를 개최하기 전까지는 그런 사실들을 몰랐다. 하지만 대회를 진행하면서 부딪치는 많은 문제가 발생했다. 원래는 중국 정부 산하 단체들과 함께 진행하기로 실무진과 이야기되었지만, 대외 협력은 자신이 속해 있는 상위 부서장의 동의를 받아야 했다. 나중에 그해 모든 대외 협력 사업이 비공식적으로 중단된 상태라는 것을 진행하면서 알게 되었다. 몇 곳의 협력 가능한 조직 등에도 중앙 정부부서에서 허가를 내주지 않았다. 상황을 인식했을 때 정책상 추진하는 것이 어렵다는 것을 알게 되었고, 결국 민간단체와 협업하여 진행하고 주체도 중국 사회적기업에서 진행하는 것으로 했다.

조직위원회는 한·중이 같이 조직되었는데 실제 일들을 진행해 나가면서 많은 의견 차이로 인해서 적지 않은 부딪침이 있었다. 재정 사용의 원칙에서, 통장 사용에 있어서, 시상 기준에 대해서도 모든 것들이 부딪쳤다. 내부에서 한 번 회의가 진행될 때마다 격렬하게 싸우고 도저히 같이 못 하겠다고 호소하는 사람들도 있었다. 이렇게 생각하는 방식이 다를까 문화적 충격을 받기도 했지만 우리는 서로를 배워가며 결국 이 대회는 성공적으로 마무리할 수 있었다. 한중 분위기가 좋지 않은 당시 상황에서 민간이 주최하는 대회에 1,500명 이상이 참여한 것은 정말 놀라운 성과였다.

실은 많은 어려움이 있었음에도 불구하고 이렇게 원만한 결과를 만들어 낼 수 있었던 것은 그 안에 전문가적인 실력을 갖춘 사람들이 있었기 때문이다.

프랑스대사관과 연계하여 많은 외국 행사를 진행해 왔던 중국 측 전문가가 있었고, 한국 측에서는 이 모임을 조직하고 행사 진행의 경험이 많은 류호선 선생님이 큰 역할을 해주었다. 나는 이 두 분 사이를 조절하는 조정가로서 세세한 일들을 처리했다.

실력이 없으면 소리만 요란할 뿐 결과를 만들어 내지 못한다. 하지만 전문가는 일이 되게 한다. 그 점이 다르다. 비전문가들은 문제에 집중하지만 전문가는 해결책을 찾아낸다. 모든 복잡한 과정에 나타나는 여러 문제는 결국 해결될 것이다. 최종의 목적지를 향해 잠잠히 나아가기만 하면 되는 것이다. 처음에 오는 반응으로 힘들어할 필요도 없다. 결국 처음부터 끝까지 모든 과정에 대한 로드맵을 그리고 나아가는 전문가의 말들이 이루어질 것이기 때문이다.

처음에 불평하며 떠들던 사람들은 나중에 전문가들의 일 처리 앞에 설득될 것이다. 내 실력은 가장 강력한 설득의 도구이다.

따뜻한 협상을 위한
5가지 품성

1

경청: 진짜 마음을 읽어라

많은 사람이 협상을 잘하기 위해서 탁월한 전략과 기술을 찾는다. 이는 인생을 성공시키기 위한 가장 중요한 기술이다. 하지만 협상은 그렇게 단순하게 말할 수 없다.

협상은 복잡하고 수많은 변수가 존재한다. 몇 권의 책으로 끝낼 수 있는 것은 아니다. 품성은 잘 훈련된 기본 자질이다. 기술만 따라가면 조급하기 쉽다. 조급하면 좋은 결과를 기대할 수 없다. 장기적으로 효과 있는 전략은 바로 나 자신이 성장하는 것이다. 내가 변하는 것이다.

▪ 체면 문화

어떻게 하면 진정성 있는 따뜻한 협상을 할 수 있을까? 따뜻한 협상에서 내가 가장 강조하는 것은 내면의 아름다움을 가지는 것이다. 아름다운 사람은 향기를 발휘한다. 벌을 나에게 오게 하고 싶다면 아름다운 꽃의 향기를 내면 된다. 무엇이 사람의 향기가 될 것인가? 우리가 흔히 말하는 인품이 될 것이다. 인품을 영역별로 나누어 훈련하는 것을 품성이라고 한다.

따뜻한 협상, 서로에게 좋고 만족하는 협상을 위해서는 좋은 품성들이 있어야 한다. 따뜻한 협상을 위해서 꼭 필요한 5가지 품성은 경청, 정직이라고 불리는 진실, 열정, 존중, 책임이다.

어떤 사업이든 일류다운 모습을 갖춘다는 것은 기본을 충실히 함으로써 쌓이는 것이다. 삶의 기본이 바로 품성이다. 100억을 벌고 싶다면 100억을 벌려고 노력하기보다는 바로 내가 100억을 벌고 있는 사람처럼 되면 된다. 그 사람처럼 되면 나도 100억을 벌수 있게 된다. 품성은 우리를 기본에 충실한 사람으로 만들어 준다.

동양은 오랫동안 공자의 유교의 영향 아래 있었기 때문에 바로 내면의 이야기를 꺼내는 경우가 많지 않다.

협상이 최종적으로 결렬될 때는 이유가 있다. 대부분 표면적인 이유를 이야기한다.

"연구를 해 보았는데 우리의 상황과 맞지 않는 것 갖다."

"이미 비슷한 서비스가 다른 곳에서도 진행이 되고 있다."

"가격 조건이 맞지 않는 것 같다."

그러나 그 이면에 존재하는 많은 이야기는 실제로는 하지 않는 경우가 많다. 특별히 여러 사람과 함께하는 협상의 자리에서는 표면적인 이유로 거절을 하지만, 실질적으로 내부에서 논의되고 있는 많은 이야기는 듣지 못한다.

4장.따뜻한 협상을 위한 5가지 품성

만약 그들이 우리의 협상안을 거절하는 진짜 이유를 찾지 못한다면 그 협상뿐 아니라 다른 협상을 해나가는 데도 여전히 문제를 안고 나아간다. 우리는 실패를 통해서 배우고 실질적인 서비스로 업데이트해야 한다.

그들이 진짜 계약을 하지 못하는 복잡한 상황들을 이해해야 한다. 내부의 역량이 안 되어서 우리의 조건을 받아들이지 못하는 경우도 많이 있다. 여러 가지 시장 마케팅에 대한 확신이 되지 않아서 거절하기도 한다. 그리고 우리에 대한 신뢰의 문제가 있어서 최종적인 결정을 하지 못하는 경우도 있다. 외국 업체가 중국에 진출하려면 많은 제약이 따른다. 특별히 교육 콘텐츠의 경우 서버 문제만 해도 그렇다. 중국 국내에 서버를 두어야 한다. 이것은 의무인 것이다.

하지만 많은 외국의 콘텐츠 회사들은 자신들의 콘텐츠에 대한 무단 복제에 대한 염려로 그렇게 하려고 하지 않는다.

이런 여러 가지 리스크를 감수하고 외국 회사와 협력해야 하는 메리트를 발견하지 못했을 때는 협상이 결렬될 확률은 높다.

표면적인 거절 이유 말고 내면의 근본 원인을 알기 위해서는 그들의 마음속 이야기를 들을 수 있는 경청이 되어야 한다. 어떻게 하면 그들의 내면 이야기를 들을 수 있는가?

▪️ 개인적인 관계 쌓기

아리스토텔레스는 누군가를 설득할 때는 에토스(Ethos), 파토스(Pathos), 로고스(Logos)라는 세 가지 요소가 필요하다고 했다.

에토스(Ethos)는 명성, 신뢰감, 호감 등 메시지를 전달하는 사람에 대한 인격적인 면으로, 설득 과정에 60% 정도 영향을 미치고 파토스(Pathos)는 공감, 경청 등으로 친밀감을 형성하거나 유머, 공포나 연민 등 감정을 자극해 마음을 움직이는 감정적 측면으로, 설득에 30% 정도 영향을 미친다. 마지막으로 논리적 실증적인 근거로 설득하는 로고스(Logos)는 설득에 10% 영향을 미친다고 한다.

결국 협상에 있어서 결정적인 요소인 명성과 신뢰, 호감 등이 영향을 미친다고 할 수 있다. 어떻게 호감을 얻을 수 있는가? 본인 이야기를 열심히 하는 사람에게 사람들이 호감을 가질 것인가? 물론 그런 사람도 있을 것이다. 상대방의 이야기를 듣고 상대방의 수준에서 설명해 줄 수 있는 사람을 좋아한다. 그렇게 하기 위해서는 사람 공부를 해야 한다. 그 사람이 무엇을 좋아하고, 어떤 가치관을 가지고 있는지 배워야 한다. 이것을 위해서 경청이라는 품성이 필요한 것이다. 경청은 사람 공부를 위해서 나를 내려놓는 것이다. 그렇게 하기 위해서 여러 가지 방식으로 내가 당신을 배우기 원합니다. 더 깊은 관계를 갖기 원한다는 신호를 보내야 한다. 그렇게 관계가 형성되면 사람들은 자신들의 이야기를 시작한다.

실제로 따로 시간을 내서 개인적으로 만났을 때, 공식적인 협상 테이블에서는 나오지 않은 많은 이야기를 들을 수 있는 것을 경험했다.

개인적으로 만나자고 하는 것 자체가 협상과 상관없이 상대에 대한 호감을 나타내는 것이고, 회사에서 누구보다도 개인적으로 당신을 신뢰한다는 일종의 신뢰에 대한 표현이기도 하다.

특별히 회사가 아닌 커피숍과 같은 장소에서는 더욱더 개인적인 이야기들이 오고 갈 수 있는 분위기가 조성이 된다.

원하는 협상이 결렬되더라도 그 사람을 자신을 지속적인 파트너로 삼기 위해서는 좋은 관계를 유지하는 것이 필요하다. 중국은 이직이 자유롭고 쉽게 이직하는 분위기이기 때문에 그렇게 형성된 관계는 다른 프로젝트에 협력할 수 있는 기회가 생기게 된다.

『협상 천재』에서는 거절을 당했을 때에도 경청을 포기하지 말아야 하는 이유에 대해서 한 가지 사례로 설명을 하고 있다.

몇 년 전, 포춘 500대 기업 고객들을 대상으로 판촉물과 기념품 등을 만드는 제조업체의 CEO 린다는 협상 마지막 단계에서 거절을 당했다. 몇 달 동안 공을 들인 잠재 고객이었는데, 경쟁 업체에게 빼앗긴 것이다. 이 일로 린다는 몹시 상심했지만 곧 그 손실을 삶의 일부로 받아들였다. 그래서 고객에게 마지막으로 전화를 걸 때도 기대는 하지 않았다. 구매 담당 부사장이 전화를 받았을 때, 린다는 그에게 자신의 최종 제안이 흡족하지 못했던 이유를 말해 줄 수 있느냐고 물었다. "이유를 알려 주신다면 앞으로 저희 제품과 서비스를 개선하는 데 도움이 될 것입니다."

린다는 부사장으로부터 경쟁사가 승리한 이유를 듣고 놀라지 않을 수 없었다. 알고 보니 자신은 고객이 주로 가격에만 초점을 맞출 거라는 잘못된 가정을 하고 있었다. 최종 제안에서 린다는 고객의 비용을 줄이기 위해 최선을 다했으며 그러는 과정에서 고객이 중요하게 여기는 요소들을 모두 없애 버렸다. 반면 경쟁사는 가격은 훨씬 더 높았지만 제품에는 핵심적인 요소들이 모두 포함되어 있었다. 부사장의 설명을 주의 깊게 들은 후에 린다는 솔직하게 대답해 줘서 감사하다고 말했다. 그런 다음 자신이 고객의 입장을 잘못 이해하고 있었으며, 혹시 자신의 수정 제안을 고려해 볼 생각이 있느냐고 덧붙였다. 부사장은 그렇다고 대꾸했다. 일주일 후에 린다는 계약서에 서명을 하게 되었다.

■ 경청은 좋아한다는 표현이다

자녀 교육, 업무 지시, 상품 판매, 외교, 정치적 리더십 등 각각의 영역에서 상대를 설득하려면 거쳐야 할 단계가 있다.

무엇보다 먼저 상대방이 우리를 좋아하도록 만드는 것이다. 그렇게 하려면 내가 먼저 그를 좋아해야 한다. 상대가 나를 지지하고 좋아하고 있다는 것을 느끼지 못하는 사람은 없다. 워낙 문화적 차이가 있는 사람들이 서로 이해하고 호감을 나타낸다는 것이 쉽지 않은 것이다.

하지만 사랑받고 싶으면 먼저 사랑하면 되고, 인정받고 싶으면 먼저 인정하면 된다. 받고자 하는 대로 주어야 한다.

"그러므로 무엇이든지 남에게 대접을 받고자 하는 대로 너희도 남을 대접하라 이것이 율법이요 선지자니라" (마태복음 7:12)

이것은 성경에 나온 황금률이라고 하는 계명이다. 문을 두드리면서 영업을 하는 사람들은 고수가 아니다. 고수란 상대가 나를 찾아오게 하는 것이다. 그렇게 하기 위해서는 상대가 나를 좋아하게 만들어야 한다.

좋아하는 관계를 만드는 데는 먼저 많은 수고와 대가가 수반되어야 한다. 내가 진심으로 호감을 나타내면 상대방에게 나는 성실한 사람이라는 인식을 심어줄 수 있다. 또한, 상대를 섬기기 위해서 내가 희생을 각오할 때는 감동을 줄 수 있다.

요즘 같은 개인화된 사회에서 사람들이 진정으로 원하는 것은 자기 말을 들어 주고 자기를 존중해 주며 이해받는 것이다. 어떤 조직이든 사람들은 자신의 이야기에 귀 기울여 줄 사람을 원한다고 했다.

초개인화된 사회에서 하나의 좋은 서비스로 모두를 만족시킬 수 있는 시대는 지나갔다. 회사도 각각의 고객의 소리에 귀를 기울여 정말로 그들의 문제를 경청하고 그것에 대한 대안을 제시할 수 있어야 오래갈 수 있는 기업이 된다. 오늘날과 같이 정보가 공개된 사회에서 사람들은 특화된 서비스를 원한다. 그것은 개인뿐 아니라 기업도 마찬가지다.

언젠가 본부장과 함께 중국 마케팅 벤더를 원하는 분과 미팅을 가졌다. 그분은 과거에 자신의 화려한 판매 경력을 이야기했다. 본부장은 미팅이 끝나자 그는 대단한 능력을 가진 사람 같은데 어떻게 생각하느냐는 질문을 했다.

"80~90년대에 탁월한 세일즈맨으로 보이는데 요즘 사회에서는 어떨지 모르겠습니다. 요즘은 고객이 가지고 있는 정보가 많기 때문에 일방적인 전달로 영업하기 힘든 시대가 되었습니다."

"그렇다면 요즘 세일즈맨에게 요구되는 것은 무엇입니까?"

"경청입니다. 그들의 진정한 니즈를 알아야 그에 맞는 서비스 제안을 할 수 있습니다."

너무나 와 닿았던 말이었다.

수많은 마케팅이 난무하는 시대, 비슷한 많은 서비스가 존재하는 시대에 이제 개인의 마음을 읽는 경청이 그들의 호감을 얻을 수 있는 중요한 도구가 되고 있다. 협상의 최종적인 답은 그들이 가지고 있다. 그 답을 끌어낼 수 있는 지혜는 바로 경청의 능력이다. 마음에서 울리는 내면의 목소리를 들어야 한다.

협상이 더 이상 진전되지 않고 결렬될 위기에 처한다면 "더 이상 협상이 진전되기 힘들 것 같다는 생각이 드네요. 모두가 거래가 성사되기 원하지만 쉽지 않아 보이네요. 제가 당신 관점을 이해할 수 있도록 좀 더 설명해 주실 수 있겠습니까? 저희의 상황을 충분히

들었을 텐데요. 우리가 합의점에 이르지 못한 이유가 무엇이라고
생각하십니까?"

협상의 마지막까지도 경청을 놓지 않고 있어야 한다. 무엇을 원
하는지에 대한 질문뿐 아니라 왜 원하는지도 알아야 한다. 판매와
협상의 차이는 설득과 경청의 차이이다. 진심 어린 경청이 탁월한
협상가가 되게 하는 것이다.

2

진실: 진정성 있는
스토리는 어디서든 통한다

▪ 나만의 스토리 갖기

제품으로 승부할 것인가? 아니면 가치로 승부할 것인가?

새로운 기술에 대한 이야기를 하면 이미 중국에도 그런 기술이
있다는 반응을 한다. 실제로 중국에서도 수많은 제품과 기술이 생
존을 위해서 경쟁하고 있다.

기술에 대한 이야기는 사람들의 흥미를 쉽게 끌지 못한다. 설득
하고 싶다면 스토리를 이야기해야 한다. 스토리는 그 기술이 나오
기까지의 긴 여정이 깃들여 있다. 힘든 과정들을 극복하고 오면서
이겨낸 경험들이 하나의 스토리가 된다. 이런 스토리가 자신의 진
정성을 증명해 보일 수 있다.

기술은 언제든지 이전하거나 습득될 수 있다. 그러나 오랜 시간
쌓아온 경륜과 집중, 그리고 인내를 겪고 나온 제품과 기술에 대해
서는 사람들은 지지를 더한다.

영화 「Door to Door」 주인공의 실제 인물인 빌 포터는 중증 뇌성마비에 걸린 장애인이다. 70여 곳의 회사에 지원했지만 매번 거절을 당한다. 결국 판매 실적에 따라 수당을 받을 수 있는 판매사원이 된다.

처음에는 수많은 거절을 당하지만, 비바람이 불 때나 매서운 바람이 부는 추운 날에도 방문 판매를 한다. 포기하지 않은 꾸준함으로 자신만의 스토리를 써가면서 그의 스토리는 점점 많은 사람의 가슴을 울린다. 그의 진정성과 스토리는 그를 후에 그 회사의 판매왕이 되게 한다.

사업은 쉽지 않다. 제품을 기획하는 것이며, 그것이 실제 제품화되고 유통하는 모든 단계들이 극복해야 할 많은 도전이 있다.

유대인의 교훈에 이런 이야기가 있다. 혹독한 추위와 굶주림에 떨면서 '진실'이라는 이름의 가련한 소녀가 마을 안으로 들어섰다. 그러나 가혹하게도 마을 사람들은 소녀를 가차 없이 문전박대하였다. 실망한 소녀는 몸 위에 '이야기'라는 망토를 입고 다시 마을로 찾아갔다. '이야기'라는 망토를 걸친 '진실'이 다시 마을의 집을 두드리자 놀랍게도 이번에는 마을 사람들이 따뜻하게 맞아주었다. 제품에 스토리로 옷을 입히면 사람들이 마음을 열고 맞이할 것이다.

우리는 협상할 때 우리의 초기 실패 이야기를 자주 해주었다. 그리고 그런 실패 가운데 어떻게 해서 지금의 제품이 나왔는지 설명하면 그 이야기에 진심 어린 지지를 받을 때가 많이 있었다.

기본적으로 비즈니스 영역에서 그 어떤 누구도 믿지 않은 전제를 가지고 사업을 진행하기 때문에 진정성 있는 스토리는 강력한 호소를 전달할 수 있다.

▪ 우리의 스토리 만들기

아무리 강자라 할지라도 혼자서 모든 것을 할 수는 없다. 서로의 부족함을 채우면서 최고의 파트너가 되면 같이 이룰 수 있는 일들이 많다.

중국 시장은 이제 우리가 주도적으로 접근할 수 있는 곳이 아니다. 월등한 기술력을 지닐 때에는 우리가 주도하는 무역과 우리가 주도하는 중국 사업이 가능하다. 그러나 이제 현지의 기술력이 발달하고 언제든지 벤치마킹할 수 있는 능력이 된 상태에서 그런 전략들은 통하지 않는다.

우리의 역할은 그들이 더 잘하도록 돕는 역할이어야 한다. 우리의 서비스를 가지고 그들이 뛰도록 해야 한다. 일본 소프트뱅크 손정의 회장은 2000년 베이징의 한 호텔에서 창업한 지 2년밖에 되지 않은 알리바바에 2,000만 달러의 투자를 단행하였다. 그는 알리바바의 직접적인 경영 참여보다는 든든한 지지자로 서게 된다.

마윈 전 알리바바 회장도 SBG 이사로 오랫동안 지내면서 서로 함께하는 파트너로 좋은 관계를 유지하였다.

4장.따뜻한 협상을 위한 5가지 품성

현지의 사정을 현지인처럼 잘 알 수는 없다. 그들이 역량이 되었을 때 사업의 주도권은 그들이 쥐게 해야 한다. 하지만 여기에는 전제가 필요하다. 정직하게 함께 스토리를 써가야 한다. 먼저 그런 관계로 발전해 나가야 한다. 그들의 이야기를 많이 듣게 되면 그들의 스토리가 더 분명하게 보일 것이다. 서로의 부족한 부분을 서로가 채워서 새로운 스토리가 쓰여져가는 놀라운 일들을 기대하기 바란다. 결코 불가능한 것이 아니다.

1982년 삼성전자와 휴렛팩커드가 합작 회사를 만들었을 때의 일이다. 당시 휴렛팩커드(HP)는 HP 방식의 매니지먼트를 요구했고 삼성 측에서는 삼성 방식으로 경영할 것을 원했다.

그러나 양쪽 회사 간의 의견 차가 좁혀지지 않은 채 이병철 회장은 직접 한국 HP 사장과 면담을 가진다.

"설탕이나 텔레비전은 우리가 잘 만들고 잘 팔지 모르나, 컴퓨터와 같은 첨단 제품은 HP가 월등하게 잘 만들고 또한 잘 팔 것이다. 우리 회사는 컴퓨터 사업을 어떻게 해야 하는지 HP를 통해 배우려고 합작 회사를 만드는 것이다. 그러려면 HP에 경영권을 넘겨주고 그들이 어떻게 하는지 보고 배워야 나중에라도 우리 힘으로 첨단 사업을 키울 수 있다. 마치 어항 속의 금붕어를 보듯이 그들이 어떻게 경영을 하는지 그대로 보고 배워야 한다."

그 후 HP는 한국에서 가장 성공한 외국인 투자 기업이 되었고, 삼성전자는 세계 초일류 기업으로 거듭나게 되었다.

그들은 함께 한국에서 혼사서는 쓸 수 없는 우리의 스토리를 썼다. 파트너란 함께 꿈 수 있는 꿈을 가진 사람들이다. 꿈이 공유되지 않은 사람들은 파트너라고 할 수 없다.

양사가 서로 존중하고 속일 의도가 없이 진실한 협력을 하기 원한다면 이런 회사들을 만나면서 좋은 파트너십이 이루어질 것이다. 이것을 위해서는 투명성이 보장되어야 한다.

▪ 정직이 이긴다

미국 조지아주립대학 토마스 스탠리(Thomas Stanley) 교수는 몇 년 전 미국에서 경제적 사회적으로 성공한 733명의 백만장자들을 대상으로 그들이 그렇게 성공할 수 있었던 요인들을 집중적으로 조사하였다.

스탠리 교수는 다양한 분야의 전문가들로 자문을 받아 그들과 1:1 면담 혹은 그룹 조사를 하였다. 그 결과 많은 공통적인 특징들을 발견할 수 있는데, 그중에서 1위는 신용과 정직이었다.

협상에 있어서 절대 조심해야 할 것이 있다. 그것은 지키지 못할 약속을 하거나 현재는 실현 가능하지 않지만, 더 개발해서 미래를 담보로 약속하는 경우이다. 이미 프로세스로 진행되던 일이고, 그 변동의 차이가 크지 않을 경우 문제가 없지만, 약속한 것을 지키지 못할 경우 신뢰에 많은 영향을 미친다.

단기적인 성공은 정직과 신뢰가 크게 영향을 받지 않을 수 있지만, 장기적인 협력에 있어서 이것은 너무나 중요한 요소이다.

신뢰를 얻지 못하면 결국 그 사업에서 성공할 수 없다.

할 수 없는 것은 두려움 없이 할 수 없다고 이야기하고, 현재 가지고 있는 서비스와 제품이 줄 수 있는 최상의 효과에 대해서 잘 설명할 수 있다면 그것이 필요한 고객을 만날 수 있다.

중요한 것은 자신과 맞는 파트너를 찾는 것이 필요하다. 모든 고객층을 다 섭외할 수 없는 것이다. 오직 자신에게 맞는 자신의 서비스가 필요한 사람을 만나야 하는 것이다.

일시적으로 사람의 마음을 얻기 위해서 하는 모든 것들은 나중에 부메랑이 되어 돌아오기 쉽다. 과장할 필요도 없다. 할 수 없는 것은 못 한다고 이야기하고, 자신이 해 왔던 것들을 진솔하게 이야기할 수 있어야 한다.

능숙한 협상가는 상대방을 존중하고 신뢰 관계를 구축할 수 있다. 신뢰 있는 관계 구축에서 더 나아가 마음을 얻는 사람이다. 마음을 얻기 위해서는 진정성이 있어야 한다. 자신에 대해, 다른 사람들에게 대해 투명해야 한다.

3

열정: 상대를 사로잡는
강력한 힘을 소유하라

▪️ 열정이 이긴다

국외 사업이나 새로운 영역의 비즈니스를 시작할 때 직면하는 문제는 제품 개발에서 판매하여 이익이 나기까지는 죽음의 계곡이라는 협곡을 통과해야 한다. 이 기나긴 시간을 이겨낸 사람들만이 좋은 성과를 누릴 수 있다. 이것을 위해서는 꾸준한 열정이 필요하다.

누구에게나 협상을 하고 원하는 결과를 내고자 한다. 그러나 실제로 성공하는 사람은 그렇게 많지 않다. 자신이 원하는 것을 얻는 사람과 그렇지 못하는 사람과의 차이는 그들이 이 일에 대해서 흘리는 땀의 양이다. 누가 최종적으로 이기는 게임을 하는가? 끝까지 포기하지 않은 사람이 이기는 것이다.

열정이 있으면 포기하지 않게 된다. 끝까지 달리게 한다. 결국 마지막에 웃는 사람이 이기게 되어 있다.

일본 불황기에 10배 성장을 하며 손 대는 분야마다 세계 1위가

4장.따뜻한 협상을 위한 5가지 품성

된 회사가 있다. 이 회사가 바로 일본전산이다. 초창기 이 회사에서 요구한 것은 가서 상대를 말로 설득하라고 가르치지 않았다.

"상대가 뭐라고 하건 모두 들어라, 그리고 빠짐없이 적어라. 그리고 돌아와서 즉시 그리고 반드시 그 문제를 해결하라. 혼자서 안 되면 둘이서 토론하고, 토론으로 안 되면 밤을 새워 실험해서 반드시 결과를 내라. 고객이 무엇에 불만인지 알면 그것을 어떻게 해결하여 만족을 줄 것인지만 고민하면 된다."

이것은 일본전산이 직원을 가르치는 방식이다.

열정은 강력한 설득력이다. 누구도 열정 없는 사람과 일하려고 하지 않는다. 허약한 체질로 적자에 허덕이던 경쟁 업체 30여 개를 인수합병해 모두 1년 내로 흑자로 만들었다. 흑자로 만들기 위해서 가장 먼저 신경을 썼던 것은 식어 버린 직원들의 열정을 불태우는 것이었다.

일본전산의 나가모리 시게노부(永守重信) 사장의 지론에 의하면 스스로 불타오르는 사람은 100명 중에 10~15명 정도에 불과하다고 한다. 이런 사람들은 자신도 불타고 다른 사람도 불타오르게 한다.

열정은 우리로 하여금 끝까지 달리게 할 뿐 아니라 속도도 빠르게 한다. 요즘 같이 급변하는 사회에서 스피드는 너무나 중요하다. 협상이 결렬된 중요한 요소 중의 하나는 즉각적인 피드백을 해주지 않는 것이다.

▪ 상대를 여인 대하듯이

엑스트라 마일(Extra Mile)이라는 단어가 있다.

누군가 5리를 가자고 하면 10리를 가라는 말이다. 마땅히 해야 할 일을 해서는 감동을 줄 수 없다. 기대하는 그 이상을 주어야 한다. 그래야 감동이 있다.

한 젊은 정원사가 땀을 흘리며 부지런히 정원 일을 하고 있을 뿐 아니라, 자기가 관리하는 화분에 조각하는 일에도 열중이었다. 그를 고용한 영주가 지나가다 그를 보고 "조각한다고 품삯을 더 받는 것도 아닌데 왜 조각을 하느냐?"라고 물었다.

"나는 이 정원을 매우 사랑합니다. 내가 맡은 일을 다하고 나서 시간이 남으면 더 아름답게 만들기 위해 이 나무통으로 된 화분에 꽃을 새겨 놓고 있습니다. 나는 이런 일이 한없이 즐겁습니다."라고 고백했다. 이 말을 들은 영주는 크게 감동을 받으며 그에게 조각 공부를 시켰다. 이 젊은이는 나중에 위대한 조각가가 된다. 그가 바로 미켈란젤로이다. (『1%만 바꿔도 인생이 달라진다』 중에서 인용)

사람을 진심으로 대하고 소중한 사람으로 대한다면 당연히 상대도 그런 대접에 대해서 마음으로 반응하기 시작한다.

마음을 나눌 수 있을 정도로 신뢰 관계가 형성되었다는 것을 알수 있는 표시는 자신의 문제와 회사의 어려움을 거리낌 없이 이야기하기 시작한다는 것이다.

4장. 따뜻한 협상을 위한 5가지 품성

이런 관계가 형성되지 않았을 때는 객관적인 이야기들이 주류를 이룬다. 한국의 정치 현황, 사회 이야기, 드라마 이야기 등.

자신의 이야기를 하기 시작해야 상대의 마음이 열리고 있다는 것을 알아야 한다.

많은 파트너가 만나면 허물없이 자신들이 직면한 어려움들을 자연스럽게 나눈다. 그들에게 조금이라도 도움이 될 수 있다면 우리의 서비스가 아니더라도 다른 한국 업체의 서비스를 소개해 주더라도 도움을 주고자 하는 마음을 전할 때 마음을 얻을 수 있다.

무엇보다 관계가 먼저이다.

사업이 안 되더라도 좋은 관계를 유지하는 것이 중요하다.

일이 먼저가 아니라 관계가 먼저라는 것을 알아야 한다. 한국의 본부장은 그가 여성이든 남성이든 만날 때마다 허깅(hugging)을 했다. 이런 적극적인 태도가 많은 사람이 어색하게 생각하면서도 좋아하는 것들을 볼 수 있었다.

"나에게 있어서 당신은 정말로 중요합니다."라는 메시지를 보낼 수 있는 중요한 수단 중의 하나는 선물이다.

관계를 위해서 중국에서는 선물을 주는 문화가 많이 있다. 회사에서도 방문하는 사람들을 위해 일부러 선물을 준비한다.

상대에게 정말로 필요한 마음을 전할 수 있는 선물은 여성에게는 화장품이나 건강식품도 좋은 선물이 될 수 있다. 건강에 관심이 많기 때문이다. 그리고 자녀가 있는 경우에는 자녀를 위한 선물도 좋다. 꼭 비쌀 필요는 없다. 마음을 전하는 수준에서 선물도 생각해 볼 필요가 있다.

■ 과격한 완벽함을 추구하라

많은 사람이 목소리를 높이고 동작이 빠른 것들을 열정이라고 생각한다. 부분적으로는 맞지만 열정이란 집요함이다.

최상의 것을 만들어 내기 위해 몸부림을 치는 것이다. 반드시 그 일을 완성하여 결과를 만들어 내는 것이다. 사람의 몸은 심장이 멎을 때 죽지만, 사람의 영혼은 꿈을 잃을 때 죽는다는 말이 있다. 단순히 돈을 벌기 위해 회사에 다니는 사람은 완벽함을 추구하지 않는다.

무엇이 우리를 열정으로 인도할 수 있을까? 바로 꿈이다. 나의 제품과 서비스에 바로 이 꿈을 실어야 한다. 리더는 바로 이 꿈을 공유할 수 있는 사람이다. 그리고 협력할 파트너를 찾는다는 것은 바로 이 꿈을 공유할 수 있는 사람을 찾는다는 것이다. 조직은 꿈에 의해 성장한다. 그래서 리더는 늘 꿈을 공유해야 한다.

"이 제품은 바로 우리 꿈의 가시적인 성과물입니다."라고 내놓을 수 있는 제품, 그것은 비슷한 꿈을 꾸는 사람들을 모으게 할 것이다.

열정을 가지고 새로운 영역을 개척해 나가는 사람은 한 가지의

4장.따뜻한 협상을 위한 5가지 품성

길만을 가지고 있지 않다. 다양한 사람들에게 이야기를 하고 자신들의 꿈을 나눌 사람들을 찾을 것이다.

협력을 위해서 어느 정도 타협이 필요하지만, 자신의 이익과 가치, 꿈을 훼손하면서 협력할 수 없는 것이다. 열정은 이런 대안까지도 생각하고 움직이기 때문에 과도한 요구와 자신을 무시하는 사람들 앞에 NO라고 말할 수 있어야 한다.

실은 명확한 경계선을 가지고 있을 경우 협상에서도 유리하다. 명확한 기준이 없을 경우 명석한 중국 협상자에게 당할 확률이 많아진다. 많은 사람이 인정하듯이 수많은 경우의 수를 가지고 접근하는 중국의 협상력은 내가 정확한 기준을 가지지 못할 경우 당할 확률이 많아진다.

포기하지 않고 열정을 가지고 오래 걸으면 많은 사람을 만날 수 있다.

4

존중: '나를 뛰어넘어 우리'

■ 상대를 알아야 한다

중국에서 성공적으로 정착한 기업들의 공통된 특징 중 하나라고 하면 현지에 대해서 철저히 연구하고 현지화에 성공했다는 것이다. 중국인들조차 그것이 외국 기업인지 중국 기업인지 잘 구별하지 못할 정도로 현지의 문화와 삶의 방식을 존중한다.

존중은 지속적인 관계를 가능하게 한다. 수없이 새로운 고객을 찾아다니는 영업 활동으로는 중국에서 오래 버틸 수 없다. 서로의 부족한 부분을 같이 채워 나가며 성장할 수 있는 관계를 찾는 것이 중요하다. "빨리 가려면 혼자 가고, 멀리 가려면 함께 가라."라는 아프리카 코사족의 속담이 있다. 협상은 원하는 것을 최대한 만족시키는 커뮤니케이션 기술이다. 문제는 나뿐 아니라 상대도 만족시켜야 하는 것이다. 상대를 만족시키기 위해서는 함께 오래 갈 수 있는 방법을 찾아야 한다.

함께 오래 갈 수 있는 사람은 그 사람이 어떤 권력이나 지위가 있어서 가는 것이 아니다. 중국 파트너를 찾을 때 중국에 영향력 있는 고위 관직에 있는 사람을 알고 있다고 하면서 접근하는 경우도 많이 있다.

실제로 시진핑 주석이 집권하면서 정책적으로 염두에 두고 추진했던 일들은 바로 부정부패 척결이었다. 공직사회는 이전과 같은 시스템으로 돌아가고 있지 않다. 대외 접대를 해야 하는 위치에 있는 사람들은 낮에 술을 먹지 않는다. 예전에 비해 접대 문화기를 간소화되었다.

한 개인이 무엇인가를 결정하던 시대는 지나갔다. 서로가 토의해서 결정하는 구조로 되어 있기 때문에 커미션 때문에 일방적으로 한 업체를 밀어주는 것도 이제는 쉽지 않다. 여기에 덧붙여서 여러 가지 정책도 고려해야 한다.

중국은 집단 의사 결정 시스템을 가지고 있다. 의사 결정에 있어서 여러 부서의 의견을 수렴하고 있다. 결정이 한 사람의 추진력으로 되지 않는다는 것을 알아야 한다.

사업을 진행하면서 당황했던 것은 CEO가 좋다고 했던 사업도 실무진의 논의에서 최종적으로 안 되겠다고 했던 사례가 많이 있었다. 중국에서 협상 회의를 하면 많은 사람이 참석해서 진행되는 것을 볼 수 있다.

장기적으로 같이 갈 수 있는 파트너를 찾는다면 무엇보다 그 사람을 잘 알아야 한다. 어떤 사람이 같이 사업하기 좋은 사람일까?

내가 경험한 오래 가는 파트너의 특징은 책임지는 사람이었다. 자신들이 책임지고 감당해야 할 것들에 대해서 필요하다면 기꺼이 대가를 치르고 일들을 감당하려고 한다. 그리고 진실한 사람이다. 자신의 이익을 극대화하기 위해서 속이는 사람이 있다. 중간에서 과도한 욕심을 취하려는 사람들과 함께하면 잘 되는 것 같지만 결국에는 좋은 결론이 나지 않는다.

중국에서 사람을 평할 때 쓰는 말이 있다. "스자이더런(实在的人)"이라는 평가이다. 한국어로 번역하면 '실재적인 사람' 정도로 번역되는데 정확한 번역은 아니다. 이 사람은 일 처리가 깔끔하다, 듬직하다, 같이 일하는데 성실하다는 등의 표현이다. 복잡하지 않고 단순하며 성과를 바로 낼 수 있는 그런 사람을 말한다. 사심이 없고, 맡겨진 일들에 충실한 사람, 이런 사람이 같이 협력하기에는 좋은 파트너이다.

여기에 사람은 좋지만, 능력과 역량이 안 되는 파트너는 큰 협력은 하기 힘들 것이다. 그래서 사람이 먼저이고, 그다음에 역량을 살펴야 한다. 만나는 사람이 어떤 위치에 있는 사람이며, 이 사람과 회사는 어느 정도의 일들을 감당해 낼 수 있는가를 알아내야 한다.

▪ 상대방의 눈으로 나를 보기

상대의 사고로 자신을 바라볼 수 있는 안목을 가져야 이야기를 진행하는 것이 쉽다.

4장.따뜻한 협상을 위한 5가지 품성

우리가 중국을 불신하는 마음으로 대하는 사람이 많듯이 중국도 우리를 불신하는 마음으로 대하는 경향이 있다. 특별히 수입을 진행하기 위해서는 중국에서 사업을 할 때보다 더 많이 신경을 써야 할 것들이 있다. 그런 리스크를 감수해야 한다.

우리가 조심스럽게 상대를 대하듯이 상대도 조심스럽게 우리를 대하고 있다. 언어가 다르고 다른 사고방식을 가지고 있는 곳과 장기적으로 협력하기 위해서는 서로의 의사소통 방식을 개선해야 한다. 나를 변호하는 수많은 말보다 먼저 왜 이 사람은 우리와 협상하기 위해 이 자리에 앉았는지 고민을 해보아야 한다.

무엇보다 상대방의 고민을 들어 주어야 한다. 듣고 같이 이 문제를 해결할 수 있다는 창의적인 대안을 제시할 수 있어야 한다. 창의적인 대안은 공동으로 상대가 할 수 없는 것을 우리가 할 수 있고, 우리가 할 수 없는 것을 상대가 할 수 있다는 것을 인정하고, 상대가 잘하는 것을 상대가 진행할 수 있도록 지지해 주어야 한다.

내가 할 수 있는 것, 할 수 없는 것, 그리고 상대가 할 수 있는 것, 할 수 없는 것을 파악하고 서로 협력할 수 있는 것들을 조정해 나갈 때 놀라운 시너지 효과를 얻을 수 있다.

서로의 현실적인 부분에서의 협력도 중요하지만, 이 회사가 품고 있는 꿈이 무엇인지 알아야 한다. 어떤 꿈은 같이 꿀 수 있다. 이 회사의 꿈이 이루어지는 데 우리가 도움을 줄 수 있다면 당장은 큰 이익이 되지 않는다고 할지라도 도움을 주어야 한다.

너무나 이상적인 말로 들릴 수도 있다. 중국에서 수많은 경쟁 업체와 살아남기 위해서 경쟁하고 있는 이 회사와 함께 만들어 갈 수 있는 꿈을 공유하게 되면 적극적으로 나의 일들을 도울 것이다. 미술대회를 열면서도 조직위원회를 이끌면서 앞으로 이루어질 꿈을 꾸게 했었다. 공동으로 이룰 꿈이 많은 갈등을 해결하는 데 도움이 되었다.

대화를 할 때 우리는 두 가지 메시지가 있다는 것을 알아야 한다. 하나는 전달하고자 하는 사실이다. 그러나 다른 한 면은 관계이다. 처음에 협상을 할 때 너무 사무적이라는 지적을 많이 받았다. 관계 설정이 먼저이다. 관계가 설정되면 세세한 것들에 대해서는 신뢰를 가지고 해결해 나가면 되는 것이다.

서로 다르다는 것은 서로에게 더 많은 것들을 줄 수 있다는 것이 있다는 것이다. 다름이 틀림이 아니라 새로운 창조로 나아갈 수 있는 것이다.

■ 방식의 차이를 극복하라

협상을 한다는 것은 두 회사가 서로의 이익을 극대화하기 위해 논의하는 것이다.

특히 중국인은 사업 진행 과정에서 세세한 것들을 가지고 문의하는 경우가 많다. 그런 세세한 것들을 하나하나 협상하다 보면 협상이 길어지고 서로가 피곤해지기 쉽다.

모든 과정을 자세히 따지는 것도 중요한 것이다. 그러나 더 중요한 것은 방식이나 다른 요소보다도 서로가 최상의 이익을 얻는 것들을 생각해야 한다.

협상에 임하면서 먼저 고려했던 것들은 이들이 나와 협력하여 얻을 수 있는 최상의 이익은 무엇인가를 고민했다.

그런 고민 가운데 우리와 협력하여 얻을 수 있는 이익을 최대한 객관화할 수 있고, 현재 중국의 상황에서 미래에 대한 전망까지 곁들여서 협력 방안을 제시했을 때 협상은 순조롭게 진행되었다.

실무진들은 대부분 여러 가지 방식에 대한 논의를 많이 한다. 실질적으로 일들을 진행하는 입장에서는 사전에 조율해야 할 것들이 많다. 그러나 그런 조율을 위해서 치러야 하는 수고보다 얻는 것들이 많이 있을 때 그것은 문제가 되지 않는다.

이런 측면에서 한국의 서비스가 어떻게 진행되고 있고, 왜 사람들은 이런 서비스를 이용하고 있고, 어떤 효과가 나왔는지, 그것이 현 중국의 상황과 어떻게 접목될 수 있는지, 그리고 현재 회사의 상황에 어떤 도움을 줄 수 있는지에 대한 이야기가 핵심으로 자리 잡아야 한다.

이런 협력을 할 때 극복해야 할 과제는 무엇이고, 그것을 위해서 양사가 지급해야 하는 대가를 정확하게 예측하여 보고할 수 있는 것이 협상의 실질적인 단계로 나아가게 하는데 대단히 중요하다.

5

책임: 성과를 설정하고
그것을 이루어라

◾ 나의 제품은 나의 얼굴이다

협상이란 서로 주고받는 하나의 관계이다.

그것이 무형의 신뢰가 되었든, 제품이나 서비스가 되었든 상대에게 줄 수 있는 것이 있어야 한다.

내가 쓸 수 있는 카드가 많아야 한다. 쓸 수 있는 카드가 많다는 것은 그만큼 나의 협상력을 높이는 것이다.

이미 사회는 성장 사회를 넘어서서 성숙 사회가 되었다. 성장 시대에는 공장을 세우고 물건을 만들기만 하면 팔리는 시대였다. 그러나 성숙 사회에 진입하면서 비슷한 서비스와 물건은 도처에 널려 있다.

한국에 있는 물건은 중국에도 있고, 중국에 있는 물건은 한국에도 있다. 기존의 것에서 무언가 특별함이 있어야 한다. 초개인화

사회에서 그들도 느끼지 못한 필요를 보고 만들어 낼 수 있는 안목이 있어야 한다.

보통 협상을 하다 보면 가장 먼저 등장하는 것은 단가 이야기이다. 가격이 싸다는 것만이 능사가 아니다. 특별히 수입된 물건은 여러 가지 추가 비용이 들게 되어 있다. 가격 외에도 경쟁력을 가지기 위해서는 많은 노력이 필요하다.

중국에서 스타벅스는 가격을 할인하지 않는다. 내가 중국에 있을 당시만 해도 중국인들은 커피를 좋아하지 않았다. 차 문화가 고도로 발달되어 있는 곳에 커피는 주류가 될 수 없었다.

그런데 스타벅스는 중국인의 커피에 대한 관념을 바꾸어 놓았다. 중국인 누구에게나 스타벅스의 고급스런 가치를 줄 수 있기를 원했다. 중국 최고의 중심가에서 미국의 맛을 보여주기 원했다. 그러면서도 중국인들이 주체가 되고 심지어 주주가 되게 하는 방식으로 중국과 미국의 문화가 자연스럽게 어우러져서 새로운 가치 창조를 하였다. 중국이 외국 기업에 기대하는 그 이상을 했던 것이었다.

내가 나의 제품에 대해서는 책임져야 한다. 책임을 진다는 것은 내가 할 수 있는 최선을 다해 최고의 가치를 만들어 내겠다는 결심을 하는 것이다. 내 제품에 승부를 걸겠다는 마음으로 최선을 다할 때 기회가 생긴다.

▪ 책임지지 않고 협력할 수 없다

중국의 시장을 이야기하면서 우리에게 과감한 양보를 요구하는 경우가 많이 있다.

이때 중국인들이 흔히 이야기하는 레퍼토리가 있다. 중국 시장은 크고 자신들은 많은 기회를 가지고 있다는 것이다.

파트너를 찾을 때 단순히 가능성이나 말만 믿고 협력했을 때 어려움을 겪는 사람들을 많이 보았다.

가능성 자체를 포기할 수 없다. 그러나 그 가능성이란 상대의 말로 증명하는 것이 아니라 지금까지의 삶의 궤적을 가지고 추적해 볼 수 있다. 지금까지 무엇을 해왔고, 같이 협력을 논의하는 동안 얼마나 약속했던 것들을 지켜왔는지 점검해 보아야 한다.

최고의 실력자들은 메일의 회답이 빠르다. 그만큼 상대가 누구든지 존중하고 최선을 다한다는 의미이다. 피드백을 자주하고 성실한 태도를 가진 사람에 대해서는 현재의 실력이 부족해도 같이 협력을 고려할 수 있다. 그러나 실제로 파트너가 될 사람의 연간 판매 및 매년 성장한 실적을 체크해 보아야 한다.

지금은 중국도 많이 투명해졌기 때문에 기업 CEO에 대한 법적 고소 고발 내용을 인터넷상에서도 검색할 수 있다. 고소 고발이 많았던 사람과 협력하는 것은 고려해야 할 부분들이다.

164

우리가 잘 알고 있는 마윈의 6분 PT로 소프트뱅크의 손정의 회장을 설득할 수 있었던 것도 단순히 6분의 위력이 아니었다.

마윈은 만리장성 가이드로 일할 당시 우연히 야후의 임직원(CTO)을 안내하면서 그 인연을 쌓았다. 그 인연으로 소프트뱅크 손정의 회장과 미팅이 이루어졌고 투자가 결정되었다. 이 만남 전에 사람과 신뢰를 형성할 수 있었던 진정성과 열정이 증명되었다는 것을 알 수 있다.

마윈은 알리바바를 창업하기 전에 인터넷의 미래를 내다보고 첫 번째 창업인 차이나옐로페이지(中國黃頁)를 설립하여 차이나텔레콤(China Telecom)에 팔았고, 대외경제 무역부의 공무원으로서 성공적인 삶을 이루었다. 세 번째 새로운 도전인 알리바바를 창업하면서도 자신의 꿈을 실현하기 위해 동료들에게 자신의 비전을 호소하였고, 10명의 동료가 모두 자기를 따르도록 한 리더십이 있었다.

어제의 무책임함이 내일의 성실함으로 바로 바뀔 수 없는 것이다.

◾ 약속 지키기

이전의 중국 사람들은 시간에 대한 관념이 강하지 못했다. 중국에 처음 갔을 때 약속을 해놓고 정시에 나타난 경우가 거의 없었다.

하지만 지금은 대기업과 많은 기업이 시간 개념이 명확해지고 있다. 특히 규모를 갖춘 기업 같은 경우 약속 시간과 미팅 가능한 시각까지도 명확히 하는 경우가 많다.

지금도 인상 깊은 한 회사가 있다. 3시에 미팅 약속이었는데 10

분 전에 회사 아래에 있다고 전화가 왔고, 정확이 3시에 사무실에 찾아왔다. 손에는 회사 1층에 있는 커피숍의 커피가 손에 들려 있었다. 이미 도착한 지 30분이 지났다. 정확한 시간에 도착하기 위해서 30분 동안 기다리고 있었던 것이다. 일을 하는 스타일도 대담했고, 회사는 굉장히 빠른 속도로 성장을 하고 있었다. 시간 엄수는 협업을 하는 최소한의 조건이다.

약속을 지킨다는 것은 타인에 대한 존경의 표현이다. 타인의 시간을 소중히 여긴다는 것은 자신의 시간도 철저하게 관리하고 있다는 것을 의미한다. 철저하게 자기 관리가 되어 있는 회사는 일을 하는 데 있어서 대충하지 않게 된다.

경쟁이 치열한 이 사회에서 아무렇지 않게 약속 시간 늦거나 약속한 날짜에 약속한 것들을 이루지 못한다면 결단코 신뢰를 쌓을 수 없다. 사업에 있어서 성공하기 위해서는 반드시 신뢰를 쌓아야 하는데 성실히 약속을 지킴으로써 그 신뢰를 조금씩 쌓아갈 수 있다.

어제의 약속을 충실히 지켜간 사람은 내일의 약속에서도 변함없이 신뢰를 지켜갈 확률이 높다.

협상의 10가지 법칙

협상은 우리에게 멀리 있지 않다. 협상은 우리가 원하는 것들을 얻는 것이다. 많은 경우 행복은 내가 원하는 것을 얻었을 때 온다. 그래서 모두가 자신이 원하는 것을 얻기 위해 여러 가지 방법들을 사용한다. 어린아이들은 울음을 그치지 않거나 계속 짜증을 내면서 자신들이 원하는 것을 얻어 낸다.

　　협상은 거창한 것이 아니다. 우리의 삶 자체가 바로 협상이다. 우리는 자신이 원하는 것을 호소하기 위해 주변의 사람들과 대화를 한다. 때로는 자신이 원하는 것을 얻기 위해 더 큰 힘을 갖고자 한다. 많은 경우 협상은 파워 대결로 간다. 자신이 보다 나은 협상의 경쟁력을 높이기 위해서 노력한다. 협상력을 높이는 여러 가지 수단들이 있다. 학력, 전문성, 외모, 지위, 관계망 등은 우리에게 강력한 파워를 준다.

　　이미 언급했듯이 이런 것들은 너무나 필요하다. 하지만 힘의 협상만으로 모두가 행복한 결과를 얻어낼 수 없다. 협상 후에 누군가가 불행하고 억울한 마음이 든다면 그 협상은 실패한 협상이다. 오래 가지 못하기 때문이다. 서로 경쟁하며 누군가의 손해를 전제로 한 협상은 일종의 전쟁이다.

　　협상은 전쟁이 아니다. 전쟁은 크고 작든 모두가 피를 흘리게 만드는 것이다. 이 세상에는 절대 강자가 없기 때문에 언젠가는 내가 동일한 방식으로 손해를 볼 수 있다.

지극히 평범한 내가 치열한 전쟁터와 같은 중국의 비즈니스 현장에서 실패 가운데 배웠던 것은 성공한 협상은 서로가 행복하게 마무리된다. 행복한 결과를 위해서 서로가 존중하고, 상대방을 배려하고, 그가 가지고 있는 어려움을 공감하는 따뜻한 협상이 필요하다.

역사에 수많은 협상의 대가들은 바로 자신들만의 협상 원칙으로 모두를 행복하게 하는 결과를 만들어냈다. 그 10가지 원리를 소개한다.

먼저 친구가 되라
호감을 얻지 못하면 원하는 것을 얻을 수 없다

데일 카네기의 『인간관계론』에서 위기에 처한 록펠러의 스토리를 소개하고 있다. 록펠러 회사의 심각한 파업으로 기물이 파괴되고 유혈 사태로까지 번졌다. 이때 록펠러는 몇 주에 걸쳐 사람들을 사귀는 데 할애했다.

그리고 록펠러에게 덮쳐 오던 강한 증오의 파도를 잠재우는 연설을 한다.

"이 자리에 선 것을 자랑스럽게 생각합니다. 여러분의 가정에 방문하여, 여러분의 아이와 아내를 만나 보니, 우리는 낯선 사람이 아닌 친구로서 마주하고 있는 것, 우리는 여기서 처음 보는 사람처럼 있는 것이 아닙니다. 다만 친구로 만나, 여러분의 호의와 배려 덕분에 상호 우정의 정신과 우리 공동의 이익이 있고, 저는 여러분의 호의와 배려 덕분에 이 자리에 설 수 있게 되었습니다."

그는 "오늘은 제 삶에서 매우 특별한 날입니다."라는 말로 연설을 시작했다. "처음으로 저는 이 훌륭한 회사의 종업원 대표 여러

분과 임원들 그리고 감독들과 자리를 함께하는 행운을 얻었습니다."

이렇게 시작한 연설은 성난 광부들을 잠재웠다.

협상의 첫 번째 계명은 이 책에서 계속 강조하는 것으로 싸우지 말고 배려로 사람을 얻으라는 것이다. 만약에 서로 친구 관계가 형성이 되어 있고 상대에 대한 호감을 형성하였다면 협상은 이미 절반은 성공한 것이다.

일개 영업사원으로 연간 20만 달러가 넘는 수입을 올려 기네스 '세계 최고의 자동차 판매왕'으로 기록된 조 지라드에게 기자가 그 비결을 물었다.

그는 두 가지만 명심하면 된다고 잘라 말했다.

첫째, 고객들은 정당한 가격을 원한다.

둘째, 고객들은 자기가 좋아하는 영업사원에게 차를 구매한다.

결론은, 좋아하는 영업사원이 정당한 가격을 제시하면 계약이 성사된다는 것이다.

고객들이 그를 좋아하게 만드는 비결을 묻자, 그는 매달 1만 3,000명이 넘는 고객들에게 사적인 메시지를 적은 편지나 카드를 보낸다고 말했다.

신년이나 추수감사절 또는 생일 등 상황에 따라 축하하는 글은 달라지지만 개인적인 인사말은 언제나 같았다.

"저는 당신이 좋습니다(I Like You)."

물론 이름과 서명 외에 자동차 판매와 관련된 어떤 내용도 덧붙이지 않았다.

자녀 교육, 업무 지시, 상품 판매, 외교, 정치적 리더십 등 어떤 상황에서도 상대를 설득하려면 거쳐야 할 단계가 있다. 무엇보다 먼저 상대방이 우리를 좋아하도록 만드는 것이다.

이처럼 호감은 윤활유와 같은 역할을 한다. 호감을 얻기 위해서 몇 가지 중요한 팁이 있다.

※ 호감을 얻기 위한 중요한 팁

1. 상대에 깊은 관심을 갖는다.
2. 상대를 인정하라.
3. 공통의 사항에 대해서 더 많이 언급하라.
4. 상대방이 쓰는 말을 최대한 비슷하게 써라.
5. '나'보다는 '우리'라는 단어를 사용하라.

상대가 누구인지
명확히 파악하라

정보를 더 많이 갖고 있는 쪽이 더 유리한 고지를 차지하는 것이 협상의 일반적인 법칙이다. 성공적인 협상에 임하기 위해서는 그다지 중요해 보이지 않는 정보까지도 파악하고 있어야 한다. 가끔 전혀 관계없을 것 같던 정보도 협상 상황에서 유용하게 사용되는 경우도 있다.

상대에 대한 정보를 기반으로 상대방이 바라보는 나의 모습도 미리 그림으로 그릴 수 있어야 한다. 내가 나를 생각하는 모습과 상대가 나를 바라보는 모습에서 차이가 크면 협상이 원하는 대로 될 수 없다.

누구에게나 의사를 결정할 때 그 결정에 이르게 하는 가치관이 있다. 기업에서는 경영철학, 경영 방침, 행동 방침 등 다양한 양상으로 기업 내에 존재한다.

어느 기업과의 협상 테이블에서 나는 열심히 이 제품이 가지고 올 경제적 이익에 대해서 설명을 하고 있을 때 상대방 측 대표는 갑자기 이렇게 말을 하였다.

"저희는 돈보다 사람을 중요시합니다."

같이 협력하고자 하는 사람이 신뢰할 만한지, 자신들의 회사 경영 방침과 맞는지가 당장 이익보다 중요하다는 것이다. 그 고백을 듣고 나는 대화의 방향을 180도 수정하였다.

개인의 성향을 이해하기 위해서 다양한 측정 도구들이 있다. 특별히 리더의 기본 성향은 회사와 조직의 성향에 결정적인 영향을 미친다. 기본 성향뿐 아니라 그 사람의 교육 배경, 신앙, 성장 과정, 팀원들 등 다양한 요소들이 가치관을 만든다. 그것은 그 회사의 의사 결정에 결정적인 영향을 미친다.

상대를 파악하고 협상의 주도권을 잡는 가장 확실한 방법은 상대에게 되레 물어보는 것이다. 협상을 성사시키기 위해서 내가 가지고 있는 많은 근거를 제시하는 것은 나의 말에 권위를 세우기 위해서이다. 하지만 상대에게 물어보는 것은 상대가 어떤 것을 중요하게 여기는지 파악할 좋은 기회이다.

특히 부모와 자녀의 관계에서 부모가 생각하는 자신의 이미지와 자녀가 생각하는 부모의 이미지 차이가 많다. 나는 자식의 장래를 걱정하는 부모로서 한마디 한다고 하지만, 자녀는 그것을 잔소리와 자신에게 부담을 주는 말로 받아들이기 쉽다.

내가 권하는 말에 부담을 느끼는 아들에게 새로운 이미지를 만들어 주는 것이 필요할 것 같아서 반복해서 했던 말이 있다. "나는 너의 지지자다. 너의 꿈을 이루는 데 있어서 내가 할 수 있는 모든 것을 지지해 줄 거야. 그런데 네가 원하는 방식으로 해주기 원해. 혹시 나의 노력이 거슬린다면 이야기해 줘."

이런 나에 대한 이미지 전환은 상대가 나를 어떻게 생각하고 있는가에 대한 정확한 정보를 파악할 때 가능한 것이다.

※ 반드시 체크해야 할 정보

1. 상대방이 할 수 있는 것과 할 수 없는 것을 명확히 파악하고 있는가?
2. 정책 결정의 키맨은 누구인가?
3. 결정을 할 때 영향을 줄 수 있는 제3자의 존재를 파악했는가?
4. 그동안 어떤 방식으로 다른 업체와 협력해 왔는가?
5. 상대방이 지키는 표준은 무엇인가?
6. 상대방의 말을 믿어라. 그러나 검증하라. 검증해야 할 말은 어떤 것인가?

5장. 협상의 10가지 법칙

요구에 얽매이지 말고
상대방의 진정한 욕구를 찾아라

니즈가 아닌 욕구를 찾아야 한다. 아이들이 투정을 부리고 이유 없이 울면 거기에는 해결되지 않은 욕구가 있다.

달래고 소리쳐도 위협을 해도 멈추지 않았던 투정이 "그래 네가 원하는 것이 무엇인데?"라는 질문 하나로 울음을 그치고 자신이 원하는 것을 이야기했다는 어느 어머니의 고백처럼 협상은 바로 상대방의 욕구를 만족시켜 주려고 노력할 때 그들은 우리의 이야 기와 우리의 서비스에 관심을 가질 것이다.

상품을 고객에게 팔 때에도 이것은 적용된다. 고객의 욕구(wants)를 파악해야 한다. 그래야 감정을 터치하고 마음을 자극할 수 있다. 고객이 스스로 "이거다!", "이것이야 말로 내가 원하는 것이야!"라고 자신의 필요(needs)를 인식하도록 해야 한다.

그래서 욕구에 집중해야 하는 이유가 있는 것이다. 욕구를 알아야 고객에게 제공할 수 있는 새로운 가치를 창조할 수 있기 때문이다. 새로운 가치를 가지고 접근하지 않으면 고객의 마음을 얻을 수 없다.

많은 사람이 새로운 가치 없이 협상에 임하기 때문에 협상에서 좋은 결과를 얻어내지 못한다. 이것은 매우 좁은 시야로 전체 상황을 보기 때문이다.

욕구를 알아야 우리는 상대방에게 최상의 이득을 제공할 수 있으며, 고객에게 변혁적 성공을 제공해 줄 수 있다.

예를 들어 금융 서비스를 제공하여 상대방이 얻을 수 있는 이득은 돈을 벌게 하는 것이다. 그러나 이것은 니즈에 속한다. 그 고객의 최상의 이익은 돈을 버는 것보다 더 근본적인 욕구가 있다. 이 사람에게 돈을 버는 목적이 무엇인가? 그것은 꿈꾸던 삶을 실현하는 것이다. 욕구는 니즈를 앞선다.

결혼을 앞둔 연인에게 서로의 꿈을 아느냐고 물었다. 첫 번째로 나온 이야기는 돈을 얼마 벌겠다는 답을 했다. 그럼 그 돈을 가지고 무엇을 하기 원하는가? 돈은 수단이다. 왜 그 돈이 필요하냐는 질문에 자신이 진정으로 원하는 것들을 고민하고 답했다. 질문에 질문을 이어가면 자신들이 진정으로 원하는 것을 알 수 있다.

나폴레옹은 전쟁 때 1,500개의 훈장을 만들어서 병사들에게 수

여했다. 장군 중에서는 18명을 프랑스 원수로 임명하고 그들이 마음속에 원하던 인정받고 싶어 하는 욕구를 채워 주었다. 군인들의 욕구를 채워 줌으로써 자신의 군대를 위대한 군대로 변신시켜 나갔다.

상대의 욕구를 알아야 꿈꾸던 삶을 실현할 수 있는 다양한 건의를 할 수 있는 것이다.

※ 진정한 욕구를 발견하기 위한 제안

1. 내 서비스에 대한 부가적 이익과 최상의 이익을 구별할 수 있어야 한다. 나의 제품을 통해서 상대방이 얻을 수 있는 최상의 이익이 무엇인지 정확히 정의한다.
2. 나와 비슷한 서비스를 제공하는 경쟁 업체 서비스에 대한 소비자의 댓글을 조사하라. 댓글에는 소비자의 욕구가 드러나 있는 경우가 많다.
3. 상대방의 입장에서 왜 이 서비스가 필요한지 정의하라.
4. 상대방의 해결해야 할 문제를 파악하라.

제4계명

질문을 통해 경청하라

처음에 협상에 임하면서 내가 했던 실수는 사람들을 설득하려고 너무 노력했다는 것이다. 설득을 하려고 하니 상대방은 나의 의견에 동의하지 않은 부분을 반박하며 점점 논쟁화 되어 갔다.

논쟁으로는 사람을 이길 수 없다. 논쟁은 계속해서 상대방으로 하여금 자신이 생각하는 것들을 더 강력하게 옳다고 믿게 만든다.

고객이 나의 서비스에 문제를 제기하면 그것에 대한 반론을 아무리 이야기해도 상대방은 별로 관심을 갖지 않는다. 이것은 논리적인 문제이기보다는 감정적인 문제의 경우가 많이 있다.

"모든 제품이 완전하지 않습니다. 저희 제품뿐 아니라 다른 회사의 제품도 마찬가지이고요, 그런데 저희 제품의 많은 장점에도 불구하고 특별히 그 부분에 대해 이야기한 이유가 있습니까?"

이렇게 질문하면 겸손한 마음으로 상대가 염려하는 부분을 정확하게 파악할 수 있다.

논쟁하고 반박한다면 이길 때도 있을 것이다. 하지만 결코 상대

5장. 협상의 10가지 법칙

방의 호의는 얻어낼 수 없을 것이다.

논쟁을 선택하지 않고 경청을 하다 보면 상대의 진정한 욕구를 알아낼 수 있다. 어떤 사람들은 자신의 욕구가 무엇인지도 모른다.

상대의 욕구를 알기 위해서는 질문을 해야 한다.

내가 제시한 가격이 상대가 너무 높다고 생각한다면 "왜 저희는 시장의 경쟁 상대보다 더 비싼 가격을 제시했다고 생각하세요?"라고 질문을 하면 상대가 스스로 납득하게끔 유도할 수도 있다. 상대가 바로 나의 관점이 되어서 나를 이해하게 하는 것도 바로 되묻는 질문이다.

상대를 설득시키는 좋은 방법은 스스로 납득하도록 하는 것이다.

내가 좋아하는 아동용 소설 『내 친구 윈딕시』에서 눈이 좋지 않은 한 할머니의 한마디가 마음에 와닿았다.

"나는 눈이 별로 안 좋단다. 대충 흐릿하게 보이기 때문에 마음으로 보아야 하지. 내가 너를 마음으로 볼 수 있도록 네 이야기를 들려주는 게 어떻겠니?"

경청은 마음으로 사람을 볼 수 있게 한다.

스티브 잡스는 신제품을 개발할 때 아예 시장조사를 하지 않았다. 단순한 표면적인 시장조사를 통해서는 사람들의 니즈는 알 수 있지만 사람 마음속 진정한 욕구까지는 알아낼 수 없었기 때문이었을 것이다. 대신 잡스는 인문학적 자질로 성찰함으로써 사람들이 무엇을 원하는지를 본능적으로 알아챘다. 우리가 그런 통찰을 조금이라도 따라갈 수 있는 길은 바로 경청이다. 특별히 좋은 질문은 상대방에게 생각을 하도록 한다.

지인의 소개로 'why 노트'로 자신을 성찰하는 시간을 갖고 있다. 벌써 100번째가 넘는 'why 노트'의 질문으로 나 자신과 대화하는 시간을 갖는다. 나 자신에게 경청하는 것이다. 그런 시간을 통해서 나도 몰랐던 나의 욕구를 발견할 수 있었다. 질문이 날카로울수록 문제의 본질에 다가갈 수 있다.

※ 경청을 위한 팁

1. 대화를 시작하기 전에 마음속으로 편견, 판단과 선입견을 내려놓자.
2. 먼저 상대방을 인정하고 감사의 말을 하자.
3. 질문을 미리 준비하자.
4. 적극적인 호응을 한다.
   상대방의 말을 잘 듣고, 하는 행동을 따라 하게 되면 된다.
   온몸으로 응답해야 한다.
5. 추가적인 질문으로 욕구가 무엇인지를 파악하도록 노력하고 그들의 언어로 나의 프로젝트를 묘사하도록 해야 한다.

협상 전에 무엇을 얻을 것인지 목표를 명확히 하라

여러 가지 협상의 법칙 중에서 가장 중요한 것이 무엇이냐고 묻는다면, 개인적으로는 목표 설정이라고 생각한다.

중국에 하이라이츠를 론칭하면서 본부장이 중국 출장 올 때마다 했던 질문이 있다.

"이번 미팅에서는 무엇을 얻어야 할까요?"

함께 미팅 갈 때마다 한 질문이었기에 언제나 이 질문에 대한 나름대로 답을 생각하고 있어야 했다. 내 안에 목표 설정이 분명하지 않으면 협상은 중요하지 않은 문제를 논의하다 마칠 때가 많다.

중국 업체와의 미팅 전에 미리 이 부분을 인지시켰다. 그들이 이번 협상에서 결정해야 할 내용들을 확정하게 하였다

협상을 하다 보면 분명한 의사 표현을 하지 못할 때가 많이 생긴다. 고려해야 할 부분들이 많기 때문이다. 하지만 새로운 협력이란 어느 정도는 리스크를 안을 수밖에 없다. 시간이 흐를수록 사람들은 초기 협상하면서 공감했던 감정들이 점점 사라지며 더 현실적

으로 되어 가고 변화를 싫어한다. 분명한 목적을 가지고 만나면 미팅이 끝나기 전에 책임을 분명히 하면 이런 부분들은 쉽게 극복할 수 있다.

한 번의 협상이 모든 것을 다 결정할 수는 없다. 매번 만날 때마다 스몰 스텝으로 원하는 단계별 목표들을 성취해 나가야 한다.

내가 상대방에게 제시할 수 있는 이득도 단계적으로 제시하는 것이 좋다. 나에게 양보의 여지가 있다면 한꺼번에 제시할 필요도 없다. 작은 양보들이라도 쪼개서 한 번에 하나씩 제시하는 것이 좋다. 상대와 공유할 수 있는 정보도 한꺼번에 다 이야기할 필요가 없다. 미팅 때마다 얻어지는 것들이 있으면 한결 수월하게 최종 목표 지점을 향해 갈 수 있다.

『어떻게 원하는 것을 얻을 것인가』에서도 협상의 첫 번째 요건으로 목표에 집중하라고 한다.

협상을 통해 얻고자 하는 것은 바로 목표 달성이다. 그런데 애석하게도 많은 사람이 부차적인 것들에 신경을 쓰느라 목표 달성에 방해되는 행동을 하곤 한다. 협상에서 하는 모든 행동, 몸짓 하나까지도 오직 목표를 달성하기 위한 전략이 되어야 한다.

부차적인 것은 미루어야 한다.

내가 하는 첫 마디, 계획된 행동, 질문해야 할 내용들까지 모두 얻어야 할 목표에서 나와야 한다. 그것을 방해하는 토론에 대해서는 다음에 논의하자고 해야 한다. 이 목적을 이루는 과정 중에 생길 수 있는 장애물은 무엇인가? 어떤 대화 프로세스로 목표한 바를 이룰 것인지 고민해야 한다.

무엇 때문에 원하는 것을 분명히 해야 하는가?

목표가 분명할 때 그것을 얻기 위한 모든 준비를 철저하게 할 수 있기 때문이다. 목표 도달에 방해되는 요소를 분석하고, 정보를 수집하며, 협상하는 상대에 대해서 더 깊게 연구할 수 있다. 이런 철저한 준비가 목표를 이루는 데 지대한 영향을 미친다.

※ 목표 설정을 위한 팁

1. 내가 이번 협상에서 얻을 수 있는 최상의 조건, 최악이지만 받아들일 수 있는 마지막 마지노선에 대한 목표를 설정하라.
2. 단계를 나누어서 협상 목표를 정하라.
3. 우선은 협의하기가 쉬운 주제부터 접근해야 한다.
4. 데드라인을 설정해야 한다.
5. 심성 훈련(마음속에 영화를 찍듯이 과정을 디자인하는 훈련)을 통해서 협상의 최종 목표까지 모든 과정을 머리에 그려야 한다. 그 단계별마다 부딪칠 수 있는 장애물들을 예상하고 극복할 방안도 설정해야 한다.

우리를 통해 얻을 수 있는
가치를 극대화하라

협상은 서로에게서 얻고자 하는 이익이 있을 때 진행하는 것이다. 내 손안에 있는 것이 더 가치가 있을 때 나는 더 큰 힘을 가지고 있고 협상에 유리한 조건에 서게 된다.

협상은 일종의 힘의 싸움이다. 내가 가지고 있는 가치가 적을 경우에는 적은 힘을 가지고 싸우는 것이다. 내가 협상에서 내놓을 수 있는 카드가 많다는 것은 그만큼 협상을 주도할 수 있는 것이다.

협상에서 힘은 일방적일 수는 없다. 내가 선택지가 많을수록 나는 더 많은 힘을 가질 수 있는 것이다. 모든 것을 완벽하게 준비하고 갖출 수는 없다. 그러나 상대가 나와 협력하여 얻을 수 있는 이익에 대한 구체적인 내용들은 가지고 있어야 한다.

우리가 얻을 수 있는 가치를 극대화하기 위해서는 상대의 필요를 정밀하게 파악해야 한다.

이런 가치는 단순히 나의 서비스뿐 아니라 내가 동원할 수 있는 자원까지도 포함될 수 있다.

보이지 않은 가치까지 발견해야 한다. 상대를 존중하거나 작은 도움을 주는 사소한 것도 모두 교환의 대상이다. 가치가 다른 대상을 교환해야 한다. 이렇게 직접 전달해 줄 수 있는 가치 외에도 다양한 가치를 만들기 위해서는 유연하고 창의적인 접근을 해야 한다.

최악의 경우에 대비해서 마지막으로 꺼낼 수 있는 배트나도 많이 준비하고 있어야 한다.

배트나란 협상이 결렬되었을 때, 대신 취할 수 있는 최상의 대안을 의미한다.

※ 가치를 극대화할 수 있는 팁

1. 희소성의 원리를 활용하라.
2. 고객의 문제를 진단하고 그것에 대한 해결책이 어떻게 적용되었는지 설명하라.
3. 새로운 카테고리를 만들어 유일한 제품임을 강조하라.
4. 기능적인 것 외에도 디자인에 신경 써라. 사람들은 아름다운 쪽을 선택하는데 그 이유는 그곳에 더 신뢰감이 가기 때문이다.
5. 잠재적 이익보다 잠재적 손실을 강조하라. 우리가 협상에서 제시하는 가치로 얻어지는 이익보다 그것을 받아들이지 않았을 때 손실을 이야기하면 나의 가치가 더욱 크게 느껴진다. 이것은 나의 가치를 상대방에게 명확하게 보게 할 수 있는 길이다.

제7계명

모두를 만족시키는
창조적 대안을 개발하라

협상할 때 상대방이 자신의 욕구를 만족시키는 단 한 가지 방법만을 제시하는 경우가 많다. 그것이 바로 그의 요구다. 그러나 실제로 그의 욕구를 만족시킬 수 있는 방법이 단 한 가지뿐인 경우는 많지 않다. 찾지 못했을 뿐이지 여러 가지 방법이 있다.

수많은 경우의 수 중에서 나도 받아들이고, 상대도 받아들일 수 있는 제3의 방안을 찾아야 한다. 상대가 어떤 영역에서 고집스럽게 자기주장을 하고 있다면 왜 그것이 그렇게 중요한지 물어야 한다. 그렇다면 상대의 욕구를 정확하게 파악할 수 있고, 그 욕구나 불안을 해소할 만한 다른 대안을 찾을 수 있다. 중국에서 협상했을 때 협상의 고수들은 가격을 엄청나게 깎으면서 돈을 더 벌 수 있는 방법을 제시하며 자신들의 주장을 관철시키려고 했다.

협상에는 상대의 욕구뿐 아니라 나의 욕구를 만족시킬 수 있는 방법이 여러 가지가 있을 수 있다. 상대방과 내가 둘 다 서로의 욕구에 초점을 맞추면 모두 만족할 수 있는 어떤 대안을 찾아낼 수 있다.

한번 협상이 잘 안 되었을 때는 그것으로 협상을 끝내서는 안 된다. 내가 간과한 상황, 고려하지 않은 니즈, 상대방에 대한 몰랐던 정보 등을 다시 정리하여 오답 노트를 만들어야 한다. 오답 노트를 지속적으로 정리하다 보면 상대방이 중요하게 생각하는 가치들을 발견할 수 있다. 다음 협상 때는 그것들에 대한 새로운 대안을 제시할 수 있다.

※ 창조적 대안을 개발하기 위한 팁
1. 상대의 진정한 욕구를 파악한다.
2. 상대를 만나기 전에 많은 경우의 수를 계산하고 있어야 한다. 각각의 경우의 수마다 대안을 미리 생각하고 있어야 한다.
3. 상대에게 챙겨 줄 이득을 먼저 고려해라. 설득력의 원천은 이른바 '갑'의 위치가 아니고 자신의 이득을 극대화하기 위해 상대방의 이득을 먼저 고려하는 것이다.
4. 가격 외에 다른 접근을 시도하라. 시장 확대를 위한 방법을 구체화한다.

협상의 지렛대가 되는
'합리적 논거'(표준과 프레임)를 제시하라

『설득의 심리학』에서는 사회적 증거의 법칙을 소개하고 있다.

다수의 행동이 '선'이라고 주장한다. 모두가 인정하는 것, 그것들이 내가 결정하는 합리적인 기준이 된다는 것이다.

구성작가 콜린 스조트(Colleen Szot)가 최근에 참여한 홈쇼핑 채널의 프로그램은 근 20년 동안의 매출 기록을 단번에 갱신했다. 스조트의 진짜 성공 비결은 일상적으로 사용하고 있는 구매 유도용 문구를 바꾼 것이었다. 그 결과 상품을 구매하는 사람들의 수가 폭발적으로 증가했다. 도대체 뭐라고 했을까? 문구를 어떻게 바꾸었기에 매출이 그 정도로 증가한 것일까?

스조트는 "상담원이 기다리고 있습니다. 바로 전화해 주세요."라는 너무나 익숙한 문구를 "상담원이 지금 굉장히 바쁘네요. 다시 전화해 주세요."로 바꾸었다.

이것은 분명히 무모한 행동처럼 보인다. 새로운 카피는 고객들이 번호를 누르고 또 누르면서 시간을 낭비해야 겨우 상담원과 연결될지도 모른다는 점을 암시하는 듯 보이니 말이다. 그러나 이런 회의적인 생각은 '사회적 증거의 법칙'이 얼마나 강력한지 모르는 데서 나오는 것이다. 사람들은 어떤 행동을 해야 할지 확신이 서지 않을 때, 외부로 시선을 돌려 주위에 있는 사람들이 하는 행동을 보면서 방향을 잡는 경향이 있다.

중국에 사업을 론칭하면서 맨 처음 만나는 협상이 힘들었다. 그 협상이 이루어지고 나면 다른 협상은 그만큼 쉬워진다. 앞서 협력한 사례를 통해서 더 이상 가격 인하는 힘들다는 합리적 논거를 제시할 수 있다.

중국의 계약서는 여러 가지 독소 조항이 많이 들어 있다. 앞서 이야기했듯이 불신의 시스템으로 움직이기 때문에 계약서 안에 그런 제약 조건들이 많이 녹아져 있다. 아주 극단적인 예를 들어 제품에 하자가 있을 경우 지급한 금액의 2배에 해당하는 손해 배상을 하라는 식이다. 대부분의 회사들 계약서 초안에 비슷한 독소 조항이 들어 있다.

그때마다 우리는 이렇게 우리의 표준을 이야기했다.

"저희 회사는 상호 신뢰를 바탕으로 협력합니다. 만약 회사를 믿지 못한다면 계약을 하지 않아도 됩니다. 저희 회사는 독소 조항이 들어 있는 계약은 하지 않는다는 규정이 있습니다. 독소 조항이 있는 계약은 불가능합니다."

※ 우리가 접근할 수 있는 합리적 논거

1. 객관적 데이터
2. 권위
3. 전문성
4. 관습과 전통
5. 내규

불합리한 요구를 해왔을 때 저희 회사의 협력의 기준을 제시하면 된다. 이것이 우리 회사의 표준이라고 하면서 정당한 요청을 할 수 도 있다.

제9계명

성공할 수밖에 없는
프로세스를 만들고 지속하라

협상을 한 번에 끝내려고 하면 문제가 발생할 수밖에 없다. 조급한 마음은 상대방에게 불안한 마음을 줄 수밖에 없다.

작은 것 하나를 받아들이는 사람은 다음에는 더 큰 것을 받아들이기 쉽다. 작은 것부터 제시해서 이왕이면 그 사람 입에서 '예스'라는 말이 나오도록 유도하는 전략이 필요하다.

세일즈 협상 성공률에 대한 조사에서 오직 2%만이 처음 만남에서 세일즈가 이루어졌고, 두 번째 접촉 후 매출로 이어진 비율은 3%이고, 세 번째 접촉 후 매출로 이어진 비율은 5%, 네 번째 접촉 후 매출로 이어진 비율은 10%이고 전체 판매의 80%가 5~10회 접촉 후 판매로 이어졌다고 한다.

다시 말해 어느 시점에서는 협력하지 못하더라도 나중에 협력할 기회가 생길 수 있는 것이다. 설득과 협상은 자주 만남을 가질수록 더 호감을 갖고 신뢰하게 되어 있다.

『춤추는 고래의 실천』에서는 새로운 정보를 받아들이는 단계를

6개로 구분하였다.

첫 번째 노출: 거부

"나는 그것이 기존의 내 생각과 대립되기 때문에 거부한다."

두 번째 노출: 저항

"이해는 할 수 있지만 받아들이지는 못하겠다."

세 번째 노출: 부분적 인정

"그 생각에는 동의하지만, 실제 적용하는 것은 유보하겠다."

네 번째 노출: 완전한 인정

"내가 생각하던 바를 그대로 표현했군."

다섯 번째 노출: 부분적 동화

"오늘 이 생각을 실천에 옮겨 봤는데 아주 좋았다."

여섯 번째 노출: 완전한 동화

"나는 이 생각을 우리 영업사원들에게도 알려주었다. 이 생각은 말 그대로 내 것이 되었다."

이렇듯 한 번에 해결하려고 하지 말고 단계적 전략을 세우고, 단계마다 목표한 것을 얻기 위한 많은 과정들을 설계할 수 있다면 분명히 원하는 성과물을 얻을 수 있을 것이다.

장기적인 관점에서 접근했을 때 내가 상대방에게 주는 이미지는 일관성이다. 일관성은 안정감과 신뢰를 얻을 수 있다. 요구사항을 끝까지 주장하는 일을 어려워하는 사람들이 있다. 협상을 했다면 반드시 일관성 있게 자기주장을 할 수 있어야 한다.

한국에 들어와서 집을 구할 때의 일이다. 사고 싶은 집을 주인이 내놓은 가격보다 10% 저렴하게 사고 싶다고 요청했다. 물론 그 비용은 그 지역의 어떤 집값보다 싼 비용이었다. 이미 가격을 조사해 본 결과 주인이 부른 가격은 그렇게 비싸지 않은 가격이었다. 하지만 부동산을 통해서 10% 저렴하게 구매할 의사가 있다는 것과 그 이유에 대해 설명을 했다. 중간에 가격 조정이 있었지만, 일관되게 10% 가격이 우리가 감당할 수 있는 유일한 수준이라고 대답했고, 빨리 집을 처리해야 했던 집주인은 결국 동의해 주었다.

※ 성공적 프로세스를 지속하기 위한 팁

1. 위험을 줄일 수 있는 중간 단계를 설정하라
2. 플랜 A(최상의 협상안), 플랜 B(수용 가능할 정도의 절충안), 플랜 C(최악의 상황)를 설정하여 각각의 제안할 내용을 마련하고 절대 포기할 수 없는 마지노선을 정하라.
3. 직접 미팅 외에도 자주 소통하라.
4. 같은 서비스도 다양한 표현으로 설명을 하라.
5. 업데이트된 내용과 이유를 공유하라.

후속 진행을 명확하게 하라

협상에서 최종 목적지는 계약이 아니다. 어떤 것은 계약이 이루어졌지만 실질적인 판매로 이어지지 않은 경우가 많다.

협상의 궁극적인 목적은 실질적인 구매로 이어진 양사의 성과이다. 구매로 이어지지 않은 계약은 큰 의미가 없다. 계약까지 진행했는데 초기에 적은 양을 구매하고 추후에 추가 구매가 없다면 이 것도 협상을 위해서 투자된 에너지에 비하여 얻어진 결과가 적다면 이것 또한 실패한 협상인 것이다.

계약 이후에도 양사가 협력하여 진행할 프로세스를 같이 논의하고 한 번의 협력에 끝나지 않고 지속적으로 서로가 더 많은 가치를 창조하기 위해 노력해야 한다는 것이다. 계약은 시작에 불과하다.

계약에 머무르지 않고 그 계약을 활용하여 공동의 가치를 창조하기 위해서는 양사의 책임자가 누구인지에 대해서 분명하게 선별을 해야 한다. 누가 커뮤니케이션을 담당하고, 이 프로젝트의 최종 담당자가 누구인지 확정하고 일의 진행은 누가 무엇을 진행할 것인가? 타임 스케줄은 어떻게 해야 하는가? 이런 구체적인 행동 계획들이 나와야 한다.

행동하면서도 상대방의 일하는 방식을 존중해야 하지만, 일의 효율이 떨어질 경우 상대 회사의 전반적인 업무 프로세스를 업데이트할 수 있는 방법도 알려주어서 우리와 협력하면서 상대가 성장할 수 있도록 해야 한다.

좋은 파트너 관계를 양사가 이 협력을 통해서 공동으로 성장하는 것이다. 이것을 위한 가장 중요하게 세워야 할 것은 바로 피드백 시스템이다. 필요한 때에 적절한 피드백이 이루어지지 못한다면 공동의 성장은 힘들 것이다.

협력을 통해서 같이 성장하는 것, 이것은 협상에 있어서 굉장히 매력적인 요인이 된다. 좋은 배우자를 만나서 결혼을 하고 서로 다른 성격의 사람들이 만나서 자식들을 낳듯, 좋은 협력은 상상하지 못할 성과물들을 선물한다.

따뜻한 협상 사례

김종명 회장은 2008년 가나무역을 설립해 5명의 직원으로 시작하여 한때 100여 명의 직원과 함께하는 무역 회사를 만들었다.

가나무역은 중국 상하이로부터 약 300km 떨어진 무역 중심 도시 이우에서 미국·영국·독일·멕시코 등으로 잡화, 액세서리, 무봉제 의류 등을 수출하는 회사였다. 이렇게 회사가 성장하는 데는 그만의 특별한 노하우가 있었다.

그것은 중국인들을 향한 따뜻한 마음과 그들을 존중하는 독특한 경영 방식 때문이었다.

그는 한 인터뷰에서 "사업이 정말 잘 되지만 직원들이 불만이 많다면 그것은 제가 원하는 방향이 아닙니다. 저는 직원들이 일만 잘하면 된다고 생각하지 않습니다. 직원 스스로가 행복하고 만족할 수 있는 회사를 만들어야 합니다."라고 말했다.

이렇게 'FUN'하게 일하는 것을 목표로 하였기 때문에 김 대표는 직원들이 실수를 하는 것은 용납해도 서로 얼굴을 붉히며 일하는 것은 안 될 일이라고 생각하여 다투거나 화내는 일 없이 직원들이 즐겁게 일하는 직장을 만들려고 힘썼다.

'모든 사업의 중점은 언제나 사람이라고 생각하고 그게 바로 돈 버는 진정한 길'이라고 말했다.

사람을 그 존재 자체로 소중히 여기면서 그들의 성장과 장래를 위한 투자를 아끼지 않는다. 구글도 지속적으로 우수한 사원들을 모집할 수 있었던 비결 중 하나는 직원의 장래를 위해 배울 수 있는 다양한 기회와 멘토링을 제공한다. 단순하게 업무를 잘하는 것보다는 직원들이 정신적으로도 행복하고 자기계발을 할 수 있는 회사를 만드는 것이다.

가나무역에서는 직원이 입사하면 학습 조직에 배치되어 매일 아침 시간을 내어 전 직원이 필독서를 읽고 학습하고 있다. 여러 개의 학습 그룹이 있으며, 각각의 그룹은 관심 분야에 따라 관련 책과 공부를 한다.

그중에서 특별히 소중하게 생각했던 학습 조직은 한자를 쓰지 못한 중국인들을 위해서 한자 공부를 시켜서 문맹을 극복하게 한 것이다. 이것은 회사에서 이들에게 준 큰 선물 중의 하나이다. 팀장들은 어느 정도 일을 하고 성장하여 자기 실력을 쌓고 나가서 사장이 될 수 있도록 추천하였다. 이렇게 직원을 존중하고 그들의 장래를 위해 아낌없는 투자를 했을 뿐 아니라 직원들 만족도를 높이기 위해서 매년 설문조사를 했다. 사장 점수, 회사 분위기 점수, 먹는 것 점수 등 세 가지 분야를 체크해서 사장 점수가 50점 이하면 사장이 그만두어야 하고, 회사 분위기 점수가 50점 이하면 회사를 그만두어야 하고, 먹는 것 점수가 50점 이하면 먹는 것을 완전 재조정해야 한다. 대부분 80점 이상이었다. 회사가 직원과 고객에게 가치를 창조하지 못한다면 지속적으로 존재할 이유가 없었다고 생각했기 때문이다.

이렇게 끊임없이 자기 발전을 통해서 가치를 높였을 때 회사 분위기가 좋아졌고, 바이어들이 회사를 방문했을 때 사원들의 얼굴 표정이 밝다고 칭찬을 했었다. 이런 행복한 모습이 바이어들에게 강한 인상을 남겼고 실제 구매로 이어지게 되었다.

회사의 가치 창조뿐 아니라 관계에 있어서 정직과 책임감을 강조하였다.

"장사꾼들은 상대를 속일 수밖에 없다는 말들에 대해 저는 동의하지 않습니다. 사업을 하는 사람에게는 정직함이 최우선이라고 생각하기 때문이죠. 정직과 성실이란 단어가 식상하게 들릴 수 있겠지만 여전히 가장 중요한 단어입니다. 단 트렌트를 알고 회사가 어떤 컨셉으로 나아갈지 방향을 제시해주는 역할을 리더가 제대로 제시해 줘야 합니다. 그래야 계속적으로 좋은 거래처와 파트너십을 유지할 수 있기 때문입니다."라고 말했다.

모든 사람에게 정직하고 평등하게 대하려고 노력하였다. 그래서 큰 거래처에서는 약간의 불만이 있기도 했다.

무역은 실제로 거짓말도 필요할 때가 있다고 한다. 통상적으로 무역회사에서는 바이어가 1만 불 클레임이 오면 2만 불을 제품 제조공장에게 요청을 해야 협상 후 1만 불을 받을 수 있다. 그러나 그는 그대로 1만 불 요청을 했다. 정직하게 요청해서 손해가 있다면 회사에서 그 손실을 감당하기 원했다. 이렇게 정직하게 운영을 했기 때문에 바이어도 협력 업체들도 회사의 진정성을 알게 되어서 신뢰해 주었다.

회사는 독립재산제로 운영하여 팀장들이 사장처럼 일을 했다. 이 것을 통해서 한 팀이 분리된 독립 회사처럼 운영이 되어서 팀의 성과에 스스로 책임질 수 있는 구조를 만들었다. 일을 열심히 하면 전 직원이 월급을 더 많이 가지고 가는 구조가 된 것이다. 팀장 중 한 사람은 성과금을 많이 받을 때는 한 해 2억 원의 성과금을 받았다. 자신의 회사처럼 일을 했기 때문에 팀마다 높은 성과를 이룰 수 있었고 손해 나는 팀은 없었다.

중국에서 직원들과 협상, 바이오와의 협상에 특별한 기술이 있었 던 것은 아니었다. 상대를 배려하고 그들이 원하는 것을 먼저 채워 주었을 때 그들은 자신이 할 수 있는 최선을 다해 좋은 결과가 나올 수 있도록 도왔던 것이다.

추천도서

이 책을 쓰기 위해서 직간접적으로 참조했던 책들 중에서 이 책의 협상 원리를 배울 수 있는 책들을 선별하였다. 협상을 주제로 한 책도 있고, 관계와 가치 등을 알 수 있는 책도 있다.

협상도 배울 수 있고 훈련으로 습득될 수 있다. 더 많은 사례와 원리들을 알고 활용할 때 자신의 협상력은 높아질 수 있을 것이다.

협상은 관계의 모든 영역에서 필요한 스킬이다. 이렇게 잘 훈련하였을 때 모두가 만족하고 조화로운 사회를 만들어 갈 수 있을 것이다. 이 책이 나오기까지 탁월한 협상가들을 연구한 책들과 다양한 협상의 사례 등을 공부하였다. 협상에 관한 책들에 많은 빚을 지고 있다. 이 책에서 다루지 못한 많은 이야기들이 아래의 책들을 통해서도 배울 수 있을 것이다.

『어떻게 원하는 것을 얻는가』

저자: 스튜어트 다이아몬드

출판사: 8.0(에이트포인트)

스튜어트 다이아몬드 교수는 13년 연속 펜실베이니아대학교 와튼스쿨 최고 인기 강의를 하고 있다. 학생들은 이 강의를 듣기 위해서 치열한 경쟁을 벌인다고 전해진다.

여러 가지 협상에 관한 책들 중에서 개인적으로 최고로 추천하는 책이다. 자신의 경험을 기초로 실제 수업 시간에 협상을 할 수 있도록 하고 실생활에서 연습하게 했다.

이 책은 협상의 기본적인 개념과 이론뿐 아니라 실제로 이것을 활용한 학생들의 예로 입증하는 형식을 취한다. 열두 가지 전략과 협상 모델 등 호의적 분위기 속에서 효과를 발휘하는 세부 전략들도 당장 써먹고 싶을 만큼 매력적이고 실용적이다.

내가 이 책에서 도움을 얻었던 몇 가지 원리는 '상대방의 입장에서 생각하라. 표준을 활용하라. 원하는 것이 무엇인지 분명히 하라. 철저히 준비하라' 등이다. 협상에 대해 제대로 배우고 싶다면 이 책을 강력하게 추천을 한다.

『내 운명은 고객이 결정한다』

저자: 박종윤 저

출판사: 쏭북스

나의 상품을 가지고 사람들을 설득해야 하는 협상은 정말 어려운 영역이다. 자신의 경험을 바탕으로 고객을 설득하여 제품 구매로 이어지기까지 쉽지 않은 과정이다. 이 책은 온라인 쇼핑몰을 운영하며 어떻게 고객이 구매를 넘어 자신의 제품을 열광하게 만들었는지에 대한 원리를 제공하고 있다.

수많은 인터넷 쇼핑몰이 존재하지만, 실제로 그 가운데서 놀라운 성과를 이룬 경험을 나누는데 단순한 스킬을 말하지 않고 고객 중심으로 설 것을 요구한다. 고객을 존중하고 그들은 어떤 생각을 가지고 있는지 고객 중심 사고의 전환을 가지라고 말한다. 제품이 아니라 고객이 먼저라는 것이다.

이기는 사업가는 사람을 먼저 공부한다고 한다. 그래서 제품에서 시작하면 망한다고 한다. 사람의 문제가 무엇인지, 어떻게 하면 그들을 도울 수 있는지를 생각하고 접근하기를 원한다.

"흔히 장사나 사업은 사람을 남기는 것이라고 말합니다. 그만큼 사업을 하며 만나게 되는 파트너나 고객이 중요하다는 뜻이지만, 현실에서는 이를 제대로 알고 실천하는 경우가 많지 않습니다. 저는 이 말을 다른 관점으로 해석합니다. 나에게 유리한 관계로 사람을 남기는 게 아니라, 고객에게 유리한 나를 남기는 것이라고 말입니다."

『설득의 심리학』

저자: 로버트 치알디니 저

출판사: 21세기북스

협상도 일종의 설득이다. 이 책은 설득에 관한 스테디셀러이다. 사람은 어떻게 움직이는지에 대해서 많은 사례를 통해서 증거하고 있다.

처음 이 책을 접할 때의 충격을 아직도 잊지 못하고 있다. 우리가 굉장히 객관적인 의지를 가지고 행동하고 있다고 생각하지만, 많은 경우 외부의 환경에 따라 자연스럽게 의지와 상관없이 움직여

진다. 물론 어떤 장사꾼들은 이런 인간의 연약함을 이용하여 부당한 이익을 취하기도 한다. 하지만 우리는 어떻게 거부감없이 우리의 의견을 잘 전달할 수 있을지 사람 이해를 위해 꼭 봐야할 책이다.

이 책에서 소개하고 있는 상호성의 원리, 일관성의 원리, 사회적 증거의 원칙, 호감의 원칙, 권위의 원칙, 희귀성의 원칙은 협상에서 사용할 수 있는 다양한 도구들이다.

그중에서 사회적 증거의 원칙에서는 '다수의 행동이 선이다'라는 의식들을 사람들이 가지고 있다. 다수의 행동으로 설득하라고 한다. 사람들은 어떤 행동을 할지 확신이 서지 않을 때, 외부로 시선을 돌려 주위에 있는 사람들이 하는 행동을 보면서 방향을 잡는 경향이 있다.

이 원리에 의해 나는 협상 전에 데이터를 쌓는 작업에 집중을 했었다. 어떤 업체들이 우리의 서비스를 사용하기 시작했고, 그후의 실질적인 도움 등을 객관적 사례로 데이터화 했다. 이것이 다른 사람을 설득하는 강력한 근거가 되었기 때문이다.

『데일 카네기 인간관계론』

저자: 데일 카네기 저

출판사: 현대지성

사람을 다루는 핵심 원리는 무엇일까?

어떻게 하면 호감 가는 사람이 될 수 있을까?

원하는 것을 얻어 내는 가장 효과적인 방법은 무엇일까?

인간관계는 친구를 만들고 적을 만들지 않는 것에서 시작된다.

『데일 카네기 인간관계론』은 이런 인간관계의 핵심을 꿰뚫는다. 『친구를 만들고, 사람을 설득하는 법』이라는 제목으로 1936년 처음 출간된 데일 카네기의 책은 80년 넘게 수많은 사람에게 영향을 끼쳐 왔다. 이후에 나온 모든 자기계발서들이 이 책의 영향을 받았다고 해도 과언이 아니다. 세계적인 투자자 워런 버핏의 인생을 바꾼 책이자, 누구나 꼭 읽어야 할 책이기도 하다. 『데일 카네기 인간관계론』은 가장 단순하고 실용적인 원칙들로 복잡한 인간관계에 대한 우리의 고민을 명쾌하게 해결해 준다.

이 책은 우호적인 관계를 만드는 방법을 알려 주는 정석과 같은 책이다. 진정성을 가지고 이 책에서 나온 원리들을 잘 활용한다면 다른 사람이 호감을 갖는 그런 사람이 될 것이다.

『기버』

저자: 밥 버그, 존 데이비드 만

출판사: 포레스트북스

이 책은 내가 2020년에 만났던 최고의 책이다. 따뜻한 협상을 하는데 굉장히 중요한 원리를 가르쳐 주는 책이다.

성공의 유일한 원칙은 '주고, 주고, 또 주는 것'이다.

기꺼이 줌으로 위대한 성공을 한 멘토들과의 만남을 통해서 상대의 유익을 위해서 끊임없이 좋은 가치를 만들기 위해 노력할 때 더 많은 기회가 온다는 것을 배워가는 이야기이다.

한번 얻어진 신뢰는 많은 보상이 따르게 되어 있다. 기존에 있던 성공의 방정식, 인간관계에 대한 잘못된 관념을 깨뜨리고 상대를 배려하여 그에게 더 많은 유익을 주고자 할 때 성공을 찾아온다. 이것은 내가 경험했던 많은 협상의 경험에서 얻은 소중한 교훈이다.

축복의 통로로 자신의 위치를 재정립할 때 협상이 두려운 것만은 아니다. 나의 진정성은 언젠가는 증명이 될 것이기 때문이다.

처음에 이 책을 읽을 때 수많은 유명한 석학의 추천사들을 보고 놀랐다. 이렇게 많은 유명한 사람들의 추천을 본 적이 없었기 때문이다. 그 만큼 협상의 패러다임을 바꿀 수 있는 책이라고 확신한다.

『일 잘하는 사람은 쉽게 말한다』

저자: 이누쓰카 마사시

출판사: 현대지성

협상을 하다 보면 프레젠테이션을 해야 할 때가 많이 있다. 보통은 내가 하고 싶은 말을 많이 준비하여 열심히 설명했는데 원하는 결과를 얻지 못한다. 나는 이 두껍지 않은 책을 보면서 많은 아이디어를 얻었다.

'이렇게 열심히 설명하는데 왜 못 알아듣지?'

못 알아듣는 데는 세 가지 이유가 있다. 상대가 들을 준비가 되어 있지 않든지, 본인이 문제의 본질을 제대로 파악하지 못했던지, 상대방을 제대로 파악하지 못했을 경우이다. 이것들은 협상에서도 중요한 실패의 원인들이다.

홍미 끌기(Interest), 상대방 파악하기(Knowledge), 목적 제시(Purpose), 큰 틀 제시(Outline), 연결(Link), 구체화(Embodiment), 전이(Transfer) 등 심플한 7가지 방법으로 설득력을 높일 수 있도록 돕는다.

자기 자신을 설득하라.

사업은 어려울 때도 있고 잘될 때도 있다. 화상 영어에서 하이라이츠 영어 독서 솔루션으로 전환되어가는 과정 중 3년은 매출이 하락한 상태에서 매달 사업을 유지하고 운영하는 것들이 너무나 힘들었다. 그때 스스로에게 나는 이 일을 왜 하고 있는지 근본적인 질문을 던졌다.

인생의 지독히 추운 겨울이 끝날 것 같지 않았다. 하지만 이 기간 혼자서 많이 산책했고 차가운 공원을 걸으면서 붙잡았던 약속이 있었다. "눈물을 흘리며 씨를 뿌리는 자는 기쁨으로 거두리로다. 울며 씨를 뿌리러 나가는 자는 정녕 기쁨으로 그 단을 가지고 돌아오리로다"(시편 126:5 - 6)

끝이 보이지 않고 끝날 것 같지 않은 인생의 불황의 늪에서도 이 모든 것은 지나갈 것이고, 기다렸던 찬란한 봄이 오면 아름다운 꽃을 피울 것을 기다리고 기대했었다.

그때 그렇게 견디면서 나는 자신과 협상하는 시간을 가졌다. 그러나 지독히 외롭고 고달픈 그 협상은 쉽게 결론이 나지 않았다.

나는 왜 이 일을 해야 하는가?

왜 나는 이런 고생을 하게 되었는가?

나는 누구인가?

삶의 안전망이 무너지고 오랫동안 잊혀진 근본적인 질문, 바로 철학적 질문을 하게 된 것이다.

쉽게 찾지 못하던 답들이 그러한 시간들을 거쳐가면서 찾았던 것 같다.

내 전 인생을 걸고 포기하지 않고 그 일에 매달리게 할 수 있는 힘은 바로 나 자신을 설득하는 것이었다.

자신을 설득할 수 있는 강력한 도구는 꿈이다. 이 기간 나는 새로운 꿈을 발견했다. 돈을 버는 것보다 더 중요한 것, 나머지 인생을 쏟아부어서 이루고 싶은 가슴 뭉클한 꿈을 찾았다. 꿈이 없는 사람은 환경과 다른 사람의 선택에 의해 끌려다니는 인생을 살 수 밖에 없다.

과거 자신의 상처와 부족이 바로 그 사람의 사명이 되는 경우가 많다고 한다.

내 인생의 지독히 힘든 겨울을 보내면서 주변에 나와 비슷한 환경 가운데서 자원이 없고 도와주는 사람이 없어 꿈도 꿀 수 없는 사람들이 눈에 들어왔다.

자원이 없어 인생의 겨울을 보내고 있는 수많은 꿈꿀 수 없는 환경에 처한 이들에게 책과 품성으로 꿈을 선물하고 그 꿈을 이룰 수 있도록 더 많은 자원을 지원하는 것이 나의 사명이다.

그렇게 해서 시작한 것이 '희망도서관책나눔협회'였다.

자신을 위해서 협상하는 것이 아니라 다른 사람들을 돕기 위해서 설득하고 협상하는 일들을 하기 원했다. 아마 사업이 잘되고 위기가 없었다면 이런 꿈을 생각하지 못했을 것이다. 그 시간이 바로 나에게는 터닝 포인트가 되는 하프타임이 되었다. 인생의 하프타임은 바로 자신의 존재와 협상하는 시간이다. 나머지 인생을 어디에 투자할 것인가? 기존의 믿고 있던 가치 체계가 무너지고 인생의 깊은 어둠의 시간에 고민하고 답할 수 있는 질문이다.

좋은 협상은 협상의 테이블에서 결정되는 것이 아니다. 실질로 그 협상이 논의된 대로 진행되어 얼마나 목적하는 바를 이루었는가를 보여 주어야 한다. 개인적인 경험으로는 협상은 잘 되었지만 결과가 이상적이지 않은 계약도 많이 있었다.

허무하게 생각되는 인생살이에서 내 생명을 어디에 투자해 가장 가치 있고 의미 있는 인생을 만들어 내야 할 것인가? 그것은 자신의 생의 마지막 장면을 그려 보면 쉽게 상상이 될 것이다.

이제는 나를 위한 협상이 아닌 정말 어려운 처지에 있는 사람들을 위해 협상하는 사람이 되고 싶다. 내가 찾은 의미 있는 인생 속에서 내 자신이 계속 설득당하고 싶다.

나는 왜 이 일을 하는가?
내가 이 일을 통해 기대하는 바는 무엇인가?
그리고 이것이 나의 모든 인생을 걸 만큼 의미 있는 것인가?
이것에 대한 대답을 찾았다면 사람들을 설득하기 바란다. 모든 사람과 다 협력할 수 없다. 하지만 나의 열정을 알아줄 사람들을 반드시 만날 수 있을 것이다.

쉽지 않은 중국 협상 이야기, 우리에게는 제품을 뛰어넘는 열정이 필요하다. 이미 그 현장에서 열심히 하루하루를 투쟁하며 살아가는 모든 이들에게 나는 작은 경험으로 지지를 보낸다.

싸우지 않고 이기는
따뜻한 협상

———

초판 1쇄 인쇄   2021년   2월   19일
초판 1쇄 발행   2021년   2월   26일

지은이   이창준
펴낸이   박정태
편집이사   이명수   출판기획   정하경
편집부   김동서, 위가연
마케팅   박명준, 이소희   온라인마케팅   박용대
경영지원   최윤숙

펴낸곳   북스타
출판등록   2006. 9. 8 제313-2006-000198호
주소   파주시 파주출판문화도시 광인사길 161 광문각 B/D
전화   031-955-8787   팩스   031-955-3730
E-mail   kwangmk7@hanmail.net
홈페이지   www.kwangmoonkag.co.kr
ISBN   979-11-88768-35-6 03320
가격   14,000원